Habiter la Terre

Bruno Latour
Entretiens Avec Nicolas Truong

何處安居？

法國哲學大師布魯諾・拉圖最後十二堂課

布魯諾・拉圖————————談

訪————尼可拉・圖翁
譯————江灝

臉譜書房 FS0181

何處安居？

法國哲學大師布魯諾‧拉圖最後十二堂課

Habiter la Terre

作　　　者	布魯諾‧拉圖（Bruno Latour）、尼可拉‧圖翁（Nicolas Truong）
譯　　　者	江灝
責 任 編 輯	朱仕倫
行　　　銷	陳彩玉、林詩玟
業　　　務	李再星、李振東、林佩瑜
封 面 設 計	井十二
封 面 攝 影	汪正翔

副 總 編 輯	陳雨柔
編 輯 總 監	劉麗真
事業群總經理	謝至平
發 行 人	何飛鵬
出　　　版	臉譜出版
	台北市南港區昆陽街16號4樓
	電話：886-2-2500-0888　傳真：886-2-2500-1951
發　　　行	英屬蓋曼群島商家庭傳媒股份有限公司城邦分公司
	台北市南港區昆陽街16號8樓
	客服專線：02-25007718；02-25007719
	24小時傳真專線：02-25001990；02-25001991
	服務時間：週一至週五上午09:30-12:00；下午13:30-17:00
	劃撥帳號：19863813　戶名：書虫股份有限公司
	讀者服務信箱：service@readingclub.com.tw
	城邦網址：http://www.cite.com.tw
香港發行所	城邦（香港）出版集團有限公司
	香港九龍土瓜灣土瓜灣道86號順聯工業大廈6樓A室
	電話：852-25086231　傳真：852-25789337
	電子信箱：hkcite@biznetvigator.com
新馬發行所	城邦（馬新）出版集團
	Cite（M）Sdn. Bhd.（458372U）
	41, Jalan Radin Anum, Bandar Baru Seri Petaling,
	57000 Kuala Lumpur, Malaysia.
	電話：+6(03)-90563833　傳真：+6(03)-90576622
	電子信箱：services@cite.my

一版一刷　2024年6月

城邦讀書花園
www.cite.com.tw

ISBN　978-626-315-495-7（紙本書）
EISBN　978-626-315-498-8（EPUB）

版權所有‧翻印必究
定價：NT$320
（本書如有缺頁、破損、倒裝，請寄回更換）

圖書館出版品預行編目資料

何處安居?／布魯諾‧拉圖（Bruno Latour），尼可拉‧圖翁（Nicolas Truong）作；江灝譯. -- 一版. -- 臺北市：臉譜出版，城邦文化事業股份有限公司出版：英屬蓋曼群島商家庭傳媒股份有限公司城邦分公司發行, 2024.06
　　面；　公分. --（臉譜書房；FS0181）
譯自：Habiter la terre.
ISBN 978-626-315-495-7（平裝）

1. CST：拉圖（Latour, Bruno）2.CST：學術思想 3.CST：哲學　4.CST：訪談

146.8　　　　　　　　　　　　　　113005061

目　次

/ 導言 /

　　一股傳遞與解釋的熱望，也為了自我解釋。在某種程度上，他所探討主題表面上的分散性與多元性，掩蓋了思想的連貫感。布魯諾・拉圖在他巴黎的公寓裡，以一種質樸、歡欣、力量滿盈的姿態，投入這一系列訪談。只有在我們深知生命（尤其是精神生命）已經來到了某種凝縮精煉的時刻，方能達致此等狀態。這是一種出自緊迫感的寧和，一股與集中、概括、揭示一切的迫切需求密不可分的內在性。對明晰的關切、對話的歡悅、表演的藝術，彷彿隨著終點將至，一切漸趨清晰明白。布魯諾・拉圖於2022年10

月9日去世，享壽七十五歲。他是同代人中最重要的法國知識分子之一。2018年10月25日，《紐約時報》曾如此寫道：「法國哲學家當中最知名、也最被誤解的一位。」

布魯諾・拉圖在海外聲名卓著、備受關注（célèbre et célébré），他曾因全部作品成就榮獲「郝爾拜獎」（prix Holberg, 2013）與「京都獎」（prix de Kyoto, 2021），但他在法國也確實一度被誤解，因為他的研究對象似乎如此迥異不一（disparate）。必須承認，他的研究幾乎涉及所有知識領域：生態學、法律、現代性、宗教，當然還有科學與技術，以及他對實驗室生活的開創性與爆炸性研究。

值得一提的是，除了拉圖與米榭・塞荷（Michel Serres）共同完成的訪談錄《孤獨的博學者》[1]

---

1 中譯本：《孤獨的博學者》，群學，臺北：2024 年 2 月，初版一刷。

（*Éclaircissements*, François Bourin, 1992, Le Pommier〔再版〕，2022）之外，法國哲學界通常與科學的思想和實踐保持距離。

社會學家布魯諾·卡森提（Bruno Karsenti）回憶道：「他是第一個意識到政治思想挑戰之關鍵完全在於生態問題的人。」1999年出版的《自然的政治》（*Politiques de la nature*, La Découverte）可資證明，該書與米榭·塞荷的《自然契約》（*Le Contrat naturel*, 1990）先後呼應。

打破偶像迷思的社會學家

不過，當然是下列兩本以提問形式撰寫而成的生態學專著《著陸何處》（*Ou atterrir?*, La Découverte, 2017）及《身處何方？》（*Où suis-je?*, La Découverte, 2021），讓一般大眾更廣泛地認識這位「打破偶像迷思」（iconoclaste）的社會學家。

拉圖於1947年6月22日出生於博訥（Beaune）（科多爾省〔Côte-d'Or〕）一個布爾喬亞酒商大家庭，現已成為當代最具影響力的哲學家之一，激勵了新一代關注「生態災難補救問題」的知識分子、藝術家與激進分子。

　　自從哲學家伊莎貝爾・斯登格絲（Isabelle Stengers）提出「蓋婭入侵」以來（拉圖與斯登格絲在思想方面有多年的友誼合作關係，菲利普・皮格納〔Philippe Pignarre〕於《拉圖－斯登格絲，交叉花式雙飛》〔*Latour-Stengers, un double vol enchevêtré, Les Empêcheurs de penser en rond*, 2021〕書中描述過），拉圖從未停止過對我們所處之「新氣候體制」（le nouveau régime climatique）的思考（*Face à Gaïa*〔《面對蓋婭》〕, La Découverte, 2015）。他曾說過：因為「我們已經改換了世界」。自從我們進入「人類世」時代，人類已然成為一股地質力量。他也斷言：

「你我不住在同一座地球上。」

　　自十七世紀開始，「現代人」認為自然與文化、客體與主體之間的分離是確實無疑的。人們堅持，「非人類」（les non-humains）是與我們格格不入的事物，儘管人類不斷與之相互妥協。正是在這個意義上，「我們從未現代過」——一如布魯諾・拉圖在同名著作（La Découverte, 1991）中所宣稱。

生命創造了自身的生存條件

　　拉圖指出，有一項或許「與十七世紀伽利略的科學發現同等重要的發現」，由英國生理學家、化學家暨工程師詹姆斯・洛夫洛克（James Lovelock, 1919-2022）所實現，他在《地球是一個生命體：蓋婭假說》（*La Terre est un être vivant. L'hypothèse Gaïa*, Flammarion, 1993）書中提出：是生命體製造了自己的生存條件。正如微生物學家林恩・馬格里斯（Lynn

Margulis, 1938-2011）所證實：大氣層並非既定不變、內部恆定（homéostatique），而是由棲居在地球上的一切生物共同創造。

這麼說來，我們生活在這層「漆膜」（vernis）之上，這層覆蓋著地表、厚僅數公里的「細薄皮膚」，某些科學家 —— 如地球化學家、巴黎地球物理研究所（Institut de physique du globe）教授傑宏姆・蓋雅諜（Jérôme Gaillardet）—— 將其稱為「臨界區」（zone critique）。我們從此必須「著陸」（atterrir）於此「外殼」（enveloppe）之上（而非「離地」〔hors-sol〕而居），以維持其「宜居條件」。布魯諾・拉圖將此「外殼」賦予「蓋婭」之名，既是一種科學假設，也是來自古希臘的一個神話比喻，意為「母神」（déesse mère），所有神靈之母體。

因為我們的宇宙觀產生了變化，當前世界以及我們周邊生命所展現的表象也不再相同。正如科學哲學

家亞歷山大・夸黑（Alexandre Koyré, 1892-1964）所言，伽利略革命拉近了地球與其他天體的距離，使人類得以「從封閉世界走向無窮宇宙」。伽利略將視線投向天空，洛夫洛克則讓目光看向地面。布魯諾・拉圖做出總結：「為了讓事情完整，我們必須在伽利略的『運轉地球』〔la Terre qui se meut〕之上，外加洛夫洛克的『動感地球』〔la Terre qui s'émeut〕。」

這就是為什麼拉圖的哲學能讓我們以一種全新的方式思考生態危機。但我們同時也要採取行動，以便「登陸這座新地球」。該如何著手？透過自我描述（autodescription），讓每個人、每位公民「不是描述我們所居之地，而是描述我們生活所依」，並繪製（cartographier）人們賴以為生的地域。其模式為何？法國大革命期間，「第三等級」（le tiers état）透過「陳情書」（cahiers de doléances）精確地描摹出自己的領土，並羅列自身遭遇的各式不平等現象。拉圖

斷言，因為「一個懂得自我描述的民族才有能力在政治上重新定位自身」。

他運用了何種方法？調查（enquête），他從未停止過對調查力量的肯定和檢驗（*Puissances de l'enquête*〔《調查的力量》〕, Les Liens qui libèrent, 2022）。身為一名務實之人與經驗主義哲學家，他在「黃背心運動」（gilets jaunes）之後，與「著陸何處？」聯盟合作，在拉沙特爾（La Chatre）（安德爾省〔Indre〕）、聖瑞尼安（Saint-Junien）（上維埃納省〔Haute-Vienne〕）、里－奧朗吉（Ris-Orangis）（艾松省〔Essonne〕）與塞夫朗（Sevran）（塞納－聖－德尼省〔Seine-Saint-Denis〕）舉辦了一系列的自我描述研討工作坊。「您仰賴誰而生存？」顯然是一項核心問題，藉以「從含糊不清的抱怨轉變為清晰的訴求」，是為了締結新型聯盟力量的必要提問。

這種提問的藝術濃縮成一份「問卷」，該問卷於

COVID疫情第一段隔離期間以「自我描述輔助工具」的形式發表，迴響熱烈，問卷開頭的提問促發了許多居家隔離者的思考：「您會希望哪些當下中止的活動日後不必再恢復？」（〈想像那些阻止人們「恢復到危機前生產狀態」的舉措〉，*AOC*，2020年3月30日。）

團隊思維

「著陸何處？」是一個基礎研究的部署，與這位集體型思想家從未停止落實的那些計畫如出一轍，例如他近期策畫的兩場展覽。一場是2002年在卡爾斯魯厄藝術與媒體中心（Centre d'art et de technologie des médias de Karlsruhe；le ZKM）（「臨界地帶」〔Critical Zones〕）與奧地利藝術家彼得‧魏貝爾（Peter Weibel）共同策畫的「打破偶像」（*Iconoclash*）展；另一場則是在龐畢度中心梅茲分館與馬汀‧圭納（Martin Guinard）及林怡華（Eva Lin）合作策展的展

覽（「你我不住在同一星球上」）。

　　這些展演由裝置呈現及表演節目組成，其目的並非要闡釋一項概念或布置設計（scénographier）一種哲學，而是打造一回「思考體驗」，將其他學科與藝術實踐結合並觀，讓我們對這套新的宇宙觀展開思索。拉圖說：「某些我自己提出的問題，我卻解決不了，所以我向那些比我懂得更多的專家求助，也向那些情感敏銳度截然有別的藝術家求援，他們之間的磨合激盪有助於催生出思想。」

　　不得不說，布魯諾・拉圖在集體團隊與部署機制的協助之下，進行團隊思考與團體研商。就像他在巴黎政治學院（Sciences Po）擔任科學部負責人期間（2007-2012）所創建的多項專案：「媒體實驗室」（Médialab），創立於2009年的跨學科實驗室，專研數位與社會之間的關係，現由社會學家多明尼克・卡東（Dominique Cardon）所主導；巴黎政治

學院「政治藝術學校」（Sciences Po École des Arts Politiques, le Speap），2010年成立的政治藝術學習機構，現由科學史學家暨劇作家弗列德里克・艾特－圖瓦蒂（Frédérique Aït-Touati）擔任負責人，她曾將布魯諾・拉圖令人印象深刻的演講表演《顛動地球》（*Moving Earth*, 2019）搬上舞臺。

布魯諾・拉圖還發起了由社會學家尼可拉・邦韋格努（Nicolas Benvegnu）領軍的「科學與技術分析爭議製圖構成」（Forccast）計畫，旨在探索公眾論辯的複雜性並將其視覺化，這些論辯將社會、空間、地理及科學問題交織混融，例如他近期緊扣不放的關於「植物入侵種」（plantes invasives）的爭議。

他亦催生了「土地形貌」（Terra Forma）計畫，該案特別由亞歷山塔・阿漢娜（Alexandra Arènes）與阿克塞勒・葛蕾格瓦赫（Axelle Grégoire）兩位年輕建築師領銜，將景觀問題與領土政策嫁接並列。當

然，別忘了還有稍早提過的「著陸何處？」聯盟，拉圖在其中與建築師索伊・哈伊米爾巴巴（Soheil Hajmirbaba）及作曲家尚－皮耶・塞沃斯（Jean-Pierre Seyvos）協力合作。

　　拉圖的研究工作也有「家庭」的一面：拉圖的妻子香塔勒・拉圖（Chantal Latour）與女兒克洛伊・拉圖（Chloé Latour）也參與其中，前者是音樂家、協調者、調停者，以及S-composition（專門進行「共同創作」的工作室）的藝術協作者；後者則身為律師及導演，與弗列德里克・艾特－圖瓦蒂合作，將布魯諾・拉圖所構思的戲劇《蓋婭全球馬戲團》（*Gaïa Global Circus*, 2013）搬上了劇院。拉圖開玩笑地說道：「這不是一間企業（firme），而是一座農場（ferme），裡面有爸爸、媽媽，還有女兒。」與此同時，他的兒子羅賓遜・拉圖（Robinson Latour）則繼續追尋他的導演夢。

社會不存在

　　觀察布魯諾・拉圖共同主持這些「親緣小組」（groupe affinitaire）活動，並於重點場次藉由戲劇與歌唱協助勾勒出他們的相偕之情，是一次扣人心弦的體驗。因為，儘管這名哲學家氣場強大、光芒耀眼，卻從未高不可攀，而是滿懷同情、耐心傾聽，完全沉浸在這些攸關我們生存條件、穿透共享經驗的調查研究之中。

　　如果「集體」（les collectifs）對他來說這般重要，那是出於他的社會學概念，他認為社會學並非「社會的科學」（science du social），而是關乎「連結的科學」（science des associations）（*Changer de société, refaire de la sociologie*〔《改變社會，社會學再探》〕，La Découverte, 2006）。這位「行動者網絡」（l'acteur-réseau）理論家斷言：「社會並非由上

層結構（superstructure）所維繫，而集體是由匯集者（collecteurs）維繫而成。」在社會科學歷史方法論（historiographie）中，他更貼近「描述社會學」（接近加布里耶爾・塔德〔Gabriel Tarde〕的方法），而非「解釋社會學」（源自於艾彌爾・涂爾幹〔Émile Durkheim〕）。

米歇爾・傅柯（Michel Foucault）在法蘭西公學（collège de France）最後的某一堂課中斷言：我們必須「捍衛社會」。布魯諾・拉圖卻解釋道，社會並不存在，它並非既定不變，我們必須「將社會視為令人驚奇的生命之間一道新的連結，這些生命打破了屬於同一個共有世界的舒適確定感」。正因社會不斷在變化，所以其他領域及其他的調查方法自然不可或缺。是故，拉圖《存在模式的調查》（*Enquête sur les modes d'existence*, La Découverte, 2012）一書的核心價值便在於此，他在該作品中證明了許多「真理體

系」（régime de vérité）的存在。

布魯諾・拉圖並非透過自然主義者的實踐或沉浸於大自然與荒野的鮮明愛好才進入生態學的研究 —— 儘管他出身布根地無疑使他對風土（terroir）及領地（territoire）的概念相當敏銳 ——，他是藉由科學社會學的取徑踏上生態學研究之路。在加州聖地牙哥的索克研究所（Salk Institute），拉圖有幸見證了內分泌學教授侯傑・吉耶曼（Roger Guillemin）團隊發現腦內啡的歷史時刻（吉耶曼教授於1977年獲頒諾貝爾醫學獎）。

他尤其觀察到「一個人工打造的場所如何確立『證明屬實』（avéré）的事實」。拉圖遠離了古典認識論，他認為：科學是一種實踐，既不反對自然與文化，也不反對確實性與意見觀點。科學乃由爭論所形塑，並由社會建構而成（*La Vie de laboratoire. La Production des faits scientifiques*〔《實驗室生活，科

學事實的建構》〕，with Steve Woolgar, 1979, trans. La Découverte, 1988）。

這種科學的「異端民族學」（ethnologie hétérodoxe）導致他被指責為「相對主義」（relativisme）者，認為他否定了科學真理之存在；然而，他的社會學門路則是「關係主義」（relationniste）派，將理論、經驗、社會與技術元素交相結合，達致一種特定形式的真理。

「化約論（réductionnisme）的過量使用」

他的方法對法律和宗教都一體適用。布魯諾・拉圖對「述真」（véridiction）機制深感興趣：「何謂『在法律上』發言？」、「何謂『在宗教上』發言？」這是一種貼近詳盡真理的方法，與他在1975年完成答辯的哲學論文〈注釋與本體論〉（Exégèse et ontologie）密切相關。拉圖「逐點逐項」（point

par point）進行哲學思考，沒有跳過中介事物
（médiation）。

高中最後一年與哲學的偶遇使他脫胎換骨：「我
即刻意識到自己未來將成為一名哲學家。因為其他
領域的知識對我來說似乎更顯飄忽不定（這挺弔
詭的）。」對尼采的閱讀觸發他「粉碎偶像」的念
頭——就像我們年少輕狂時都喜歡的那樣，但最重
要的是，他「對基礎的概念發出了無情的批判」。

夏爾・佩吉（Charles Péguy，天主教徒暨社會主
義者）的作品一直伴隨著拉圖，從他年輕時（六〇年
代）加入「基督教青年學生團」（Jeunesse étudiante
chrétienne）的激進歲月，到他關於政治生態學的最
新著述：「過去，佩吉之所以被視為反動派，源自於
他對化身的書寫、對土地與依戀情感的思考，而這些
要素皆能釐清我們今日的處境：我們不再知道可以安
居何方。大家都在談論那些因為害怕生態災難而動

員起來的年輕一代。但佩吉明白這一點：現代世界剝奪了我們創造生產（engendrement）的能力，這種損失是一場悲劇。」重點是要記住 —— 與貝爾納丹學院（collège des Bernardins）「願祢受讚頌」（*Laudato si'*）教席的成員們一樣 —— 方濟各教宗藉2015年通諭所發出的「先知呼籲」（《面對蓋婭》出版於同一年），對布魯諾‧拉圖來說，是一份「神聖的驚喜」。的確，如同神學家弗雷德里克‧盧佐（Frédéric Louzeau）、歷史學家葛列戈里‧葛內（Grégory Quenet）與神學家歐勒里克‧德‧蓋利斯（Olric de Gélis）所解釋的：「布魯諾‧拉圖一眼就看出了《願祢受讚頌》通諭當中的兩項主要創新概念：地球的破壞與社會不公之間的連繫，以及對地球自身行動力及痛苦忍耐力的肯認。他也留意到這兩種創新皆與『clameur』（喧嘩、呼喊、聲明）一詞有關。該詞在拉丁語及法語中都有法律方面的淵源：地球與窮人都

在抱怨！」

　　作為當年一名布根地的年輕教師，他獲得了一道啟示。某種頓悟顯聖（épiphanie）。1972年，在從第戎（Dijon）駛往格雷（Gray）（上索恩省〔Haute-Saône〕）的公路上，他感到一股「疲憊感」襲來，於是在路邊停了車，「在過度使用化約論之後，茅塞頓開」。每個人都試圖將周圍的世界簡化為一套原則、一種概念或一項觀點。他在《不可化約論》（*Irréductions*, Métailié, 1984）中寫道：「作為一名基督徒，我們熱愛上帝，祂之大能足以將世界化約為祂自己，乃至於創造世界；（……）作為一名天文學家，我們探尋宇宙的本源，乃至從創世大霹靂（Big Bang）推導出宇宙的演化；作為一名數學家，我們努力尋找可以包含一切推論與結果的公理；作為一名哲學家，我們希望找到根本的基礎，由此出發，其餘一切不過是現象聚合；作為一名知識分子，我們將庸俗

的簡單實踐與觀點帶回思想生活。」

　　但是，正如他在那個蔚藍冬日所領悟到的，「沒有什麼可以簡化為無，沒有什麼可以從無到有推導出來，萬物彼此相繫，源源無盡。」此即他的「十字記號」（signe de croix）。他寫道：「這個符號『驅散了一個又一個的邪魔：自那日起，形上學之神一去不返，再沒讓我惴惴不安』。」這就是引導他整套哲學的宇宙觀。雖然他的本業是社會學家，但他自始至終都是一名哲學家。

對科學的觀察

　　在這一系列 Arte 電視臺的採訪中，他幾乎語帶哽咽地說：「哲學實在是太美了。」正如吉爾‧德勒茲（Gilles Deleuze）所說，這門能夠創造概念的學科何以如此美麗、如此強大、如此令人陶醉？拉圖答道：「我不知道如何回答此問，我怕會控制不住眼淚。哲

學 —— 哲學家們都知道 —— 是一種令人驚嘆的形式，它對整體感興趣，卻從未觸及整體，因為它本來的目的就不是要觸及整體，而是『熱愛整體』。哲學（philosophie）這個字本身就包含了『愛』。」若只是說他熱愛哲學並試圖擁抱整體性，那也未免太過輕描淡寫。

首先，拉圖在象牙海岸獲得哲學教師資格之後，開始學習人類學。確切地說，是在該國首都阿必尚（Abidjan），當時他正在進行一項合作計畫，必須同時在一所技術中學教授笛卡兒哲學。在這首度的田調機會中 —— 他已是一名「後殖民」知識分子 ——，他拒絕將理性的西方與深深缺乏理性的非洲相互對立。這段經歷促使他建立一套「對稱性人類學」（anthropologie symétrique），以便像民族學家研究非洲社會那樣地研究西方社會。這種方法引導他去觀察加州的一座實驗室，可不是什麼普通的實驗室，因為

那座實驗室出過諾貝爾獎得主。這是一次決定性的經歷，使他得以了解「科學成就之道」。

　　布魯諾・拉圖是一名「田調派知識分子」，甚至是一名極富歷史意識的知識分子，他對巴斯德（Louis Pasteur）與科學史情有獨鍾（*Pasteur : guerre et paix des microbes*〔《巴斯德的實驗室：細菌的戰爭與和平》〕[2], Métailié, 1984；*Pasteur, une science, un style, un siècle*〔《巴斯德，一門科學，一種風格，一個時代》〕, Perrin, 1994）。他也對技術史充滿興趣，並藉此於1982年進入巴黎高等礦冶學院（L'École des mines），一待就是二十五年，他在該學院創新社會學研究中心（CSI）的建樹尤其值得一提（該中心負責人是米歇爾・卡隆〔Michel Callon〕，也是「行動者網絡理論」的幕後推手）。

---

2 中譯本：《巴斯德的實驗室：細菌的戰爭與和平》，群學，臺北：2016 年 6 月，初版一刷。

這種「集體沸騰激盪」（bouillonnement collectif）激發了一些特別新穎原創的研究，如《阿拉密斯，或對技術的愛》（*Aramis ou l'amour des techniques*, La Découverte, 1992）這本無疑是他最喜歡的作品之一，該書書名靈感來自巴黎南方從未竣工的自動化地鐵工程。這是一本「科學虛構」（scientifiction）之書，是社會學調查與「機器愛情故事」的雙重結合。

　　布魯諾·拉圖在該書導言中不僅簡述了其概要，亦概括了一項研究計畫、一套社會學方法、一種哲學抱負以及一份倫理關懷：「我想提供給人文主義者對一套足夠華麗、足夠靈光四射的技術之詳細分析，以說服他們相信，圍繞在他們身邊的機器也是值得關注與尊重的文化對象。至於技術人員，我想向他們證明，在設計技術用品時，不能不考慮到人類的群眾力、激情與政治〔……〕。最後，對於人文科學的研究者，我想說的是，社會學並非只是單純研究人類的

科學，它也可以張開雙臂歡迎非人類的群體，就像上個世紀它曾對大批窮人所做的事。也許，我們的集體是由『會說話的主體』（sujets parlants）編織而成的，但那些可憐的事物，我們的劣等兄弟，在方方面面都依附其上。若能向它們敞開心扉，社會紐帶無疑會變得不那麼神祕難解。是的，我希望在讀到阿拉密斯的悲傷故事時，大家能流下真正的眼淚，也能從這個故事中學會如何熱愛技術。」

新式階級鬥爭

如此一來就不難理解為何布魯諾・拉圖在1994年勾勒出「萬物議會」（parlement des choses）的構想，其目的是「將目前被科學拒於門外的主體引入政治當中」，並在人類代表與「相關的非人類」代表之間建立對話機制。拉圖是一個永不懈怠的概念發明者與不可多得的感知啟蒙者，隨著生態緊急狀況加劇，他也

變得更加「政治化」。

在與丹麥社會學家尼古拉・舒爾茨（Nikolaj Schultz）共同發表《關於新生態階級的備忘錄》（*Mémo sur la nouvelle classe écologique*, La Découverte, 2022）時，拉圖曾在《世界報》上表示：「生態，就是新的階級鬥爭。」他們在呼籲「新生態階級」自信滿滿地接過上世紀社會主義者的火炬之前，即已斷言：衝突不再僅僅是社會性的，而且是「地緣」社會性的。

拉圖的思想是否已然勝出？從比利時哲學家文奇安・德斯普雷特（Vinciane Despret）到美國人類學家安清（Anna Tsing），從作家理察・鮑爾斯（Richard Powers）到哲學家唐娜・哈拉維（Donna Haraway），以及印度散文家艾米塔・葛旭（Amitav Ghosh），他的思想已經傳播到世界各地。他的著作主要由 La Découverte 出版社與菲利普・皮格納合作發

行，已翻譯為二十多種語言出版。

　　他在法國有一批廣大的讀者。他所培養、陪伴與支持過的知識分子，現在都成了人們閱讀與評論的各方大家，例如弗列德里克・艾特－圖瓦蒂、政治哲學家皮耶・夏博尼耶（Pierre Charbonnier）、女權主義哲學家艾蜜莉・阿煦（Émilie Hache）、律師薩哈・瓦努克歇姆（Sarah Vanuxem）和趨勢變化思想家埃馬努埃萊・科奇亞（Emanuele Coccia）、生命哲學家暨動物追蹤者巴諦斯特・莫席左（Baptiste Morizot）、藝術史家艾思黛勒・鍾・芒顧阿勒（Estelle Zhong Mengual）、哲學家暨藝術家馬修・莒貝黑克斯（Matthieu Duperrex）、泛靈論人類學家納斯塔莎・馬當（Nastassja Martin）、心理學家暨攝影師艾蜜莉・愛荷蒙（Émilie Hermant）以及科學與健康人類學家夏洛特・布里芙（Charlotte Brives）。那些詩人與作家就更自不待言了，諸如奧利維耶・卡迪

奧（Olivier Cadiot）或卡米爾·德·托雷多（Camille de Toledo）等人，他們總結了布魯諾·拉圖生存模式的獨到之處：「在大難當頭時依然能快樂思考，不屈服於焦慮或災禍的力量。」其人思想一如天頂星羅棋布，以至於無法一一列舉。

他在巴黎政治學院的一些學生共同發起了「公民氣候大會」（Convention citoyenne pour le climat），或在強調生態意識的市政單位工作。他也與人類學家、法蘭西公學榮譽教授菲利普·德斯寇拉（Philippe Descola）一同催生了當代法國思想的生態政治轉向，領頭召集了一個小團體在巴黎丹東街的公寓裡聚會，研究者、社運人士、作家與藝術家在那裡時有交流互動。有點類似十八世紀的沙龍，啟蒙哲學在其中蓬勃發展；在拉圖的公寓裡，你會以為自己眼前是「新一代的狄德羅與達朗貝爾」。

德斯寇拉指出，拉圖的「外交哲學」，尤其是他

在新氣候體制與生態問題上的發展，「已然成為當前之思」，這種思想會「讓人們意識到（……）現代性建立在虛無飄渺間，離地而起，聲稱要將人類與非人類、自然與社會拆夥分離」。

被《差異與重複》（*Différence et répétition*, PUF, 1968）的作者驚豔之後，米歇爾・傅柯在1970年曾說：「也許，有一天，這個世紀將屬於德勒茲。」今天，哲學家巴提斯・馬尼格里耶（Patrice Maniglier）則認為，我們的世紀將「屬於拉圖」。或者這麼說：「不是我們，而是我們的時代將成為拉圖主義者。」將布魯諾・拉圖歸結為一個公式，此舉有違他年輕時的直覺預感。

更何況，他近來始終以其高大、優雅、蹣跚的身影行走於處處熾烈的世界中，有如一位能夠詩意地棲居在人類世的「愚樂先生」（Monsieur Hulot），像威廉・詹姆斯（William James）一樣堅信「宇宙是一

個多重世界」。布魯諾・拉圖比任何人都更加了解新的局勢:「我的父親與祖父輩可以放心退休,平靜衰老,安詳逝去:他們的童年夏日與他們孫子輩的夏天長得差不多。當然,氣候本來就會起伏波動,但它並不會以伴隨我們這一代(嬰兒潮世代)老去的方式,陪著下一代人老去。我可不能就此退休、衰老和死去,卻留給我的子孫一個與我們這代人的歷史脫節的八月光景。」他不禁感嘆。

因此,在這本訪談的最後,拉圖寫了一封信給他的孫子 —— 有如終場告別 ——,寫給2060年將年滿四十歲的一代人。這封信並非結論 —— 因為正如福樓拜所說,「事物之愚蠢在於想要妄下結論」(la bêtise consiste à vouloir conclure) —— 而是序曲,是「朝未來射出的禮炮」,邀請我們不顧一切地投向未來。在此,哲學家拉圖送了我們一座豐盈非凡的工具箱,不僅為我們提供了思考的食糧,也幫助我們去想

像新的存在與行動方式。邀請我們「成為地球人」，
展現出與地球的「共情」（empathie），他曾稱此為
「地球感應」（géopathie）。布魯諾‧拉圖已然「著
陸」。但他本人，一如他的作品，永遠「不可化約」。

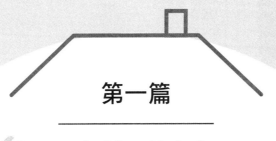

第一篇

改換世界

/ 圖翁 /

布魯諾・拉圖，感謝您在巴黎家中接待我們，您在這座公寓裡生活、工作了這麼多年，您為何願意接受這次的系列訪談？

/ 拉圖 /

首先，因為我已經上了年紀，人到了這個階段也該回顧一下人生了；其次，表面上看起來，我對許多主題深感興趣，諸如各門科學、法律、虛構作品等，我研究的門路也略顯古怪，這會令人有些無所適從，在書店裡，店員永遠不知道該把我的著作分在哪一區。他們會把我關於巴黎的書排在旅遊區，另一本則分在科學哲學類，第三本又歸在法律書區……您讓我有機會解釋我的整體論點，這樣讀者往後在讀我這些著作的時候，就不會對我有「樣樣通、樣樣鬆」的印

象了。我很開心能有這個自清的機會，因為我其實很少分心啊！我自始至終都依循著一條思想主軸，是時候釐清一切了。

／圖翁／

您是一名科學與科技社會學家及人類學家，但您骨子裡更是一名哲學家，讀者大眾主要是透過您關於生態的兩本著作來認識您。兩書分別於2017年及2021年以《著陸何處》（*Où atterrir?*）及《身處何方？》（*Où suis-je?*）這兩則大哉問的形式發表，書中提出了一個概念：在您看來，我們已然「改換」世界（changer de monde），我們已不再安居於同一座地球之上。布魯諾・拉圖先生，這是一種什麼樣的變化呢？為何說「我們已不再棲居於同一座地球上了」？

/ 拉圖 /

　　這是針對一種處境的「戲劇化呈現」問題，我們所身陷的政治與生態處境，對所有人來說都艱難無比。人們天天在新聞上談論這一切變化、氣候變遷問題、那些試圖掌控生物多樣性的國際會議，乃至關乎進步與富裕的課題，我們很容易就會被這一切擾亂得心神搖盪。我們意識到，直到最近，這些問題依然與我們先前所處的世界有關：一個圍繞著「萬事萬物不具行動力」法則組織起來的世界。伽利略就是關於「那個世界」的一個典型範例：從一個斜面出發，計算下墜的鐵球，接著，誕生了「自由落體定律」的驚人發現。一顆鐵球不具備任何身分，也不含絲毫行動力，所謂行動力，也就是英語裡所謂的「**能動性**」（agency）。鐵球遵循的法則是可供計算的，而科學（Science）—— 大寫S的科學 —— 便發現了這些規律。

　　我們習慣於認為，世界正是如此由具備不同**能動**

性的事物及生命所組成。偉大的英國哲學家懷德海（Alfred North Whitehead）稱此為「自然的雙岔現象」（la bifurcation de la nature），此觀點認為，自某個時期開始（大約在十七世紀前後），世界是由「真實的事物」（les choses vraies）與「活生生的事物」（les choses vivantes）之間的斷裂所構成。真實的事物為科學所印證，一旦脫離科學便無從觸及；而活生生的事物則是人們的主觀性、人們想像這個世界的方式，也是人們在目睹壯觀事物後所留下的印象，我們人類與世間生物所感受的一切，在主觀上都興味十足，但世界之所構成，並非基於此事。「雙岔的世界」曾經是「前一個世界」的核心定義，為了簡單起見，我且稱其為「現代世界」，而我始終對它的人類學面向深感興趣。

不過，即便如此談論科學似乎顯得有些奇怪，但這其實是一個形而上的問題。我們所在的、所置身的

世界之形上學根基，乃是由活物所組成的生命世界。在我看來，這個世界 —— 它看似由活物所組成，而我們透過地球科學、生物及生物多樣性分析，對它有了更多認識 —— 在當前的局勢中，藉由COVID危機與氣候變遷問題，跳到我們眼前，逼我們去面對它。就某種程度而言，我們必須著陸其上的、置身其中的那個世界，是一處由病毒稱霸的世界，小至攻擊人類的病毒，大至大氣層的範圍，因為，讓我們得以悠活其間的大氣層，以及供我們呼吸的氧氣，也都源自病毒與細菌，它們的變異必然改變了我們所處世界的構造及穩定度。病毒與細菌，這兩大操盤手改變了地球、創造了地球的歷史，這段歷史構建了我們所處可居範圍的外殼。而且我們甚至無法得知病毒是否算得上是「生命體」，它們的發展籠罩著一連串謎團：我們不知道它們是否覺得我們陌生，或者對我們來說它們究竟是敵人還是朋友。不過，幸好我們全身沾滿了

病毒與細菌！若非如此，我們根本無法存活。

　　若說人們對生態問題感到茫然不知所措，無法對人人心知肚明的災難處境迅速應變，這很大一部分是因為人們依舊活在過去的世界裡：一個由缺乏**能動性**事物所組成的世界、一個可以透過計算來控制事物的世界、一個充滿「適用的科學」的世界、一個生產系統保障富足與舒適的世界。但這已不再是我們今日俯仰其間的世界，正是在這種意義上，我們改換了世界，我們離開了一個科學足以辨識的物體組成的世界，我們自身對那些物體的想法尤其主觀。然後，我們進入了另一個世界，我們作為活生生的生命，置身於其他生命體之間，後者會做出許許多多的奇行異事，也能對我們的行為迅速做出反應。我且說得誇張一點：「我們當下身陷的處境與過去的狀況斷然有別。」但我的工作就是要把事情說得嚴重一點，並為事物命名。兩者之間確實存在差異，不妨牢記：

在過往的狀況下，我們不必太過擔心，因為當時的世界，由相對簡單的物體所組成，它們會遵循我們的法則；在當下這座世界裡，我們反而會這麼互相提問：「欸，這個病毒是想幹嘛？它到底打算如何擴散、如何發展啊？」

/ 圖翁 /

您經常說，我們今日正在經歷的世界之改換是一場革命，堪比伽利略的科學革命；我們是否已然偏離了我們對現代大宇宙學曾有的想像？

/ 拉圖 /

是的，如果我們像人類學家可能會做的那樣，將宇宙學理解為一種行為能力的分配、一種定義眾神的

方式、一種定義「誰有、誰沒有**能動性**」的架構。「現代人」也曾經具備一套宇宙觀，俾使他們在世界範圍內進行全球擴張。簡單來說，這是一種獨樹一格的分裂宇宙觀，也是菲利普・德斯寇拉（Philippe Descola）所說的「客體世界」與遠離它的主體之間的區分，當我們開始質疑氣候與病毒因素的影響力，一切便已終結，現在可沒人能說，在我們所處的世界中存在著遙不可及的主體。透過一組意料之外的反饋迴路（boucle de rétroaction），在某地的人類行徑將為他們自己及其他地帶的人類創造不宜居住的生存條件。過去，主觀的人類、眾主體可以將自身置於一處拉開距離的遙遠世界中，如同康德所提出的宇宙論，那是「現代人」的典型版本，但現今已不可能。

這表示了什麼？表示現在的問題是主體的問題，這在哲學層面讓我興致滿滿。什麼是一個主體？何謂生態學的人類主體？它已不是從前的那個主體了，它

不可能再做同樣的事，它無法自客體中獲致同等的信心，它被從四面八方操縱它的各路力量牢牢捕獲。令人驚奇的是，這在病毒與醫學課題的微觀層面上已獲證實，而就整體層面而言，在我們所處的生存條件中亦是如此，因為大氣、食物與氣溫條件本身就是這些生命體的非自願產物。我再次強調這件事，因為這是地球系統眾科學的盛大新奇現象，藉此，我們方能談論第二次科學革命。

現如今，我們會談論真菌、地衣、微生物……人人都對生命體感興趣，雖然偶爾略嫌誇張，但這依然是一項明顯的症頭。我們開始發現，我們終於不再置身一個與我們相距甚遠的客體世界，而是置身在與我們重疊相交的生命周邊。自病毒的層面來看，這再真實不過，但從政治的角度來思索，這也饒富趣味，這意味著我們自身的存在，介入並影響了所有其他事物的存在。在這個充滿客體的世界中，您可以把各種事

物交相疊加，而它們彼此之間卻不會相互覷覦，對事物展開行動的可能性看似無窮無盡，我們「現代人」也因此開拓出一些不得了的成就。但如果您周身都圍繞著各種組合式、相互疊加的生命，而我們卻永遠無法得知它們到底是朋友或是敵人，卻又不得不與之共處，那麼這就是一個完全不同的世界了 —— 更何況它們提供我們在所處之世中的存在條件……我們需要再次與1610年以來發生的事情稍做比較 —— 那是「伽利略時刻」[1]，對歷史來說意義非凡 ——，然後這個時間區段可以延續到四〇年代。這是一系列的轉變，其中含括了我們的情感、我們的冀望、我們即將踏入的時代，以及我們對道德問題、人類行動、主體性曾經懷有的指望，而這段轉變過程歷時甚久。令人欣慰的是，所有這一切都被創造出來了，因為，如果我們

---

1 1610年，伽利略發現了木星的四顆衛星，並發表《星際信使》（*Sidereus Nuncius*）一書，震撼科學界。

有能力再次經歷第一次科學革命與現代世界的巨大變革，那麼，我們現在就能重新開始。我們曾僥倖度過難關，這一次也辦得到，但這項任務頗為艱難。

/ 圖翁 /

您認為「人們已經明白，他們已然改換了世界，而且他們已生活在另一座地球上」。為此，您喜歡援引歷史學家保羅・韋納（Paul Veyne）的話：「重大的動盪變革就像熟睡者在床上翻身一樣簡單。」

/ 拉圖 /

是啊，韋納這句話說得很美。當我們列出為了適應一個生態化、非現代的世界而必須解決的所有問題時，會感到一陣頭暈目眩，這意味著千千萬萬的變

革，不僅僅是能源系統或食物供應系統的變革，還包括道德問題、主體定義、所有權等方面的變革……這簡直要把人逼瘋，這種等級的改變似乎毫無可能。不少人認為我們無能為力，還出現一些懷疑論者，不知是否被利益團體收買……不過話又說回來，嶄新的時代精神就是要讓人覺得：我們已經換了一個世界。

第二篇

現代性的終結

/圖翁/

為何「我們從未現代過」，而在您看來，「現代人」到底是什麼？

/拉圖/

當我們使用「現代」這個詞的時候，通常會出現這種口號：「請讓自己現代化。」（Modernisez-vous.）我們一心想要有系統地讓大學現代化、讓國家現代化、讓農業現代化……我們不妨如此理解：這句口號是對歷史意涵的重新組織，為了能夠說出「我們持續前進，現代化的前沿（front）避無可避，而且它也以某種方式前進」。說穿了，它就代表了對於「被時代淘汰」的恐懼，這事我們也躲不掉，一旦有人提醒您「請讓自己現代化」，您會立刻陷入恐慌：「萬一錯過了現代化的列車，我就會……」

/ 圖翁 /

被淘汰。

/ 拉圖 /

被完全抹除掉。「如果我保持警惕,就會變得反動,然後變成反現代化的人。」您會被指責為跟不上時代、妨礙進步之路、堅持古舊的價值觀。這麼說意味著什麼?當人們說著「請讓自己現代化」的時候,想要獲得的是什麼?這些問題在COVID疫情爆發時也開始出現。本來人們還在宣稱經濟景氣將持續大幅攀升,轉眼間,一切突然喊停,每個人都關在家裡,方才意識到我們可在短短幾週內就讓這座發展與進步的龐大機器停機罷工,我們終於開始自問:「我們在追求什麼?我們想要的到底是什麼?」

我絕不反對現代化,因為那可能會是接受現代化

前沿的一種方式，而非只是說：「我這個人就是要抵抗，我是故意要落伍的、故意作為反動派的。」這確實是一種口號：定義歷史發展的一種用語，但這段歷史並非由我們所親歷。我認為，能夠稱得上是我的貢獻的，乃是致力於研究，並讓現代化不再被視為一種口號，而是一項研究主題 —— 將舊式口號轉化為一團謎霧。

「現代」一直是將現代化前沿組織起來的那個口號，這個現象已近尾聲，因為我們此刻已然察覺到，這是一個破壞式的前沿。今日，許多人都會欣然同意，我們並不會讓整座地球都現代化，如果我們逼使她現代化，她就會消失，對我們人類來說，她變得不宜居住、不利生存。而現在，人們可能會用更直接的語氣，說出我三十年前就說過的話：現代性已經結束啦。它是一段插曲，是走向終結的歷史的一個時刻。我很喜歡半開玩笑地說，應該要能接受「龐畢度中心

獲得與奧塞美術館同等的地位」。一座展示現代性的博物館，還不賴吧！但前提是要停止「想要永遠保持現代感」的心態，以打造一座符合當下「現代性之終末」的博物館。

　　二十世紀有何用？我也一直在問自己。這是長達五十年的研究探討，我逐漸發覺，沒有一個主題因為宣稱它是「現代的」與「非現代的」而變得清晰，尤其在科學史的範疇內，沒有一個主題例外。我們試圖將「現代人」定義為「相信主觀、客觀分岔」的人，他們最終也理解了個人意見、文化……與自然之間的差異。如果試圖應用這種區分，只消研究一下技術史或科學史就會發現，他們根本就在做完全相反的事，「現代人」是那些以最極端的方式──有時也是最令人驚豔的方式──在他們的事業版圖中混合政治、科學、技術與法律的人。這太令人驚訝了，他們不斷在做與他們所聲稱的相反的事情。這類的話已經沒人

在講了，但我挺喜歡西部電影會說的這句話：「白人的舌頭是分岔的。」確實，這句話非常美妙。「現代人」總是虛偽無良，他們的舌頭也是分岔的，他們在做的事，總是與他們所說的相反，他們的所作所為總是把持不定，而到了八〇年代，他們便不再保留，誇張行徑更無極限，更顯虛偽不實。

當我在1989年研究這個課題的時候，柏林圍牆正要倒塌，這起事件牽動了某種形式的、對自由主義之勝利的巨大熱情反應。與柏林圍牆倒塌本身同樣令我訝異的是：人們對這起關乎自由主義發展的指標性事件竟是全然無知。這是史上最顛峰的加速事件、最極致的採掘行動，也是最終極的否認。自二戰結束以來，我們一直在加速，但直到柏林圍牆倒塌的那一刻，我們才進入了「快上加快」的極致狀態。我相當驚訝，因為我們雖然確實目睹了蘇聯在1989年的垮臺，但我們也見證了東京、里約等大型生態高峰會的

發軔期。令人動容的是，自生態問題的角度來看，那時正是我們可以採取行動的時刻，也是提出真正問題的理想時機 —— 也就是我們後來所謂的「新氣候體制」——，同時卻也是對其最極端否認的時刻。這也是二十世紀歷史的謎團：它不斷否認自己所處的境況。

/圖翁/

從美學的角度來看，這個現代性的時刻也是如此。尤其是韓波（Arthur Rimbaud）說的那句話：「必須絕對現代。」（Il faut être absolument moderne.）我們已然走了出來，但我們後來又進入了一個什麼樣的世界？

/ 拉圖 /

　　「請讓自己現代化」這句話蘊含的力量無比巨大，但它也掩飾這個口號其中的複雜、殘酷與殘忍性。自五〇年代以來，「請讓自己現代化」實際上意味著「拋棄您的過去，離地起身吧」，簡單來說就是這樣，我們「起飛了」！我還記得五〇年代每個人都在追求「起飛」，所謂的開發中國家都「起飛了」，這就是「起飛」的全盤概念。這個口號依舊非常重要，因為我們別無選擇。我這就要來回答您的問題了，我們要努力求解的是：什麼是現代性的替代方案？就以富裕、自由、解放這幾件事來說吧；如果少了現代性，它們會變成什麼樣子？這個替代方案就是我所說的「生態化」（écologiser）。沒人能掌握它的確切含意，正因這是一場大轉彎，徹底改變了我們對時間及其流淌、以及對過去未來之別的定義。〔在生態化方案裡，〕過去與未來無法切得一乾二淨，我們

不能只說在現代化前線上站錯邊的一方已告終結，而另一方則是統一團結、向前邁步的。「現代化」或「生態化」，兩者看起來或許相互對立……但生態化可說是以「組成」為其前提。

我們要理解「組成」（composer）這個字本身的含意〔按：類似藥方之挑選與調配〕，有些成分選自過去，有些選自未來，還有一些則選自現在，如何組合搭配完全自由〔按：指不必受限於現代性的時間框架〕。必須從現代化的這股巨大壓力中解放出來，因為它全然蒙蔽了我們抉擇與選擇的能力；我們得有能力選擇，能夠辨別何謂好的技術與壞的技術、何謂好的法律與壞的法律。這些遴選的能力 —— 也就是我所說的「組成」—— 完全是另外一回事，與我們所理解的「現代化」根本大異其趣，這些能力不能只簡化成一個大口號！僅僅互相提醒「請組織一下您的生存方式，以呼應這座星球的宜居性」，並按照一定的

順序立刻動員起來，這是不夠的。我們其實應該要開始自問：「我該做些什麼？一方面應該發展永續農業（permaculture）⋯⋯然後我還是希望不必製造二氧化碳⋯⋯我該怎麼做？」我們就是如此在這個世界邁開步伐，這個我們棲居其間的一方世界，關於如何調整人類生活方式的問題，爭吵無止無休，而這世界淨是這種議論之聲。但這樣很健康！因為，現代化的可怕之處在於，它蒙蔽了諸位的雙眼，完全阻止人們針對「我們會為這世界留下些什麼」這個問題提出質問。

我想舉個小巧、但非常新奇的例子，我的學生都覺得很有趣：那就是「樹籬」（les haies）。有些人討厭樹籬，有些人卻很喜歡。有的是現代風格的樹籬，通常會被清理掉；也有後現代風的樹籬；最後還出現了由不同樹種組成的「組合式樹籬」。我的意思不是傳統樹籬和樹籬地即將捲土重來 —— 它們曾讓農民無比艱苦，而且仰賴大量勞力，我指的是一種「複合

式」的樹籬。今日，有很多人在研究樹籬：生物學家、自然學者，以及自稱為「新農民」的人，因為他們不再專以務農為業。

這就是「組成」的意思，一切主題皆可一體適用。

組合的另一則訊息意味著「勇於投入爭議」，揚棄關於「進步」與「過時」的分野之辨，更要關注與宜居性相關的核心課題，並優先考量宜居條件的問題，勝於生產條件方面的問題。這需要下點功夫！我們從未現代過，但我們已然擺脫「我們曾經現代過」的這種想法。組成的工作地已然敞開大門。

/ 圖翁 /

這個世界，是一種複合式、組合式、重構式的施工現場。

/ 拉圖 /

組構／作曲（composer）是一個非常美好的詞，因為它也與「音樂」有關，它代表了安排、協商與生活方式（*modus vivendi*）。我們都了解，必須放棄「政治也會現化代」的想法。現代政治指引我們應往何方、命令該如何施行；但是，對於這些複合式的規畫安排，我們需要一種「謙遜的政治」（politique modeste）；我們也需要一套謙遜的科學，因為科學會在各種爭議中摸索前進，最終將能引導我們應該做些什麼；還需要一種謙遜的技術科技，能夠讓我們說出：「我研發了一種技術，因此會有意外收穫，也因而會出現爭議，所以它需要因地制宜，留待討論。」整個社會必須重新獲得它被現代性的概念所剝奪的批判能力，在這些不同的層面保持謙卑，並體認到，必須由一個簡單的組合概念出發，以創建一個「生態化」的文明。這令人激動不已：我們從未現代過，但

我們卻相信我們曾經現代。這種信念的影響力依舊無
遠弗屆。

第三篇

蓋婭催令

/ 圖翁 /

您說，我們在字義上是生活在「地表之外」（hors-sol），而今日，我們卻得著陸。著陸，意味著活躍於科學家稱之為「臨界區」（zone critique）的地帶，亦即存活於蓋婭之上，與之共生。「蓋婭」既是由英國生理學家、工程師詹姆士・洛夫洛克（James Lovelock）所提出的一種概念，也是一個溯及上古與希臘神話的典故。蓋婭乃是大地女神，一切神靈仙祇的大母神。既然我們皆知災禍將至，且科學家與聯合國的專家們在每一份報告書中皆提出警示，為何您還需乞援於蓋婭，以求脫離我們此刻身陷的無力施為處境？您透過這個實體（entité）來描述發生在我們身上的事，並誠心發出呼籲，以求動員這個「新生態階級」的公民們，用意何在？

/ 拉圖 /

我若想便宜行事，根本就不會使用「蓋婭」這個概念，它讓我的生活變得複雜。由洛夫洛克所發想的這則概念極其簡單，就像他自六〇年代起發現「大氣層並非處於熱力學平衡狀態」一樣簡單。大氣層中毫無理由還留存30%的氧氣，因為氧氣會與一切事物產生作用，應該老早就消耗光了。他講述了一段著名的插曲，有一回，他將地球與火星兩座行星的大氣層互作比較：「諸位親愛的生物學家們，不必費心探勘火星了。你們想把我的儀器送過去，」（因為他也負責研發儀器）「但我知道那裡沒有生命。」我們持續在火星上尋找生命跡象，但那個地方可沒有蓋婭。在過去四十多億年裡，那座星球從未被生命體徹底改造，儘管過去某個時刻曾有過生命痕跡（我們將來或許會在某處找到細胞殘骸），但那個時刻已然消逝了。

就「表面缺乏那層薄膜」而言，〔火星上〕沒有

蓋婭。火星也未曾像地球一樣，發生過理化條件的轉變，把原先並不特別有利〔於生命〕的條件變為有利。這項轉變乃是基於下列這個簡單事實：生命體不僅僅是一個環境中的有機體，還身懷「為了自身利益而改造環境」的特殊能力。這既非出於慷慨，也非出於友好，就單單是相互聯結而已，但這才是最重要的事：生命體之間的相互聯結。生命體皆具備新陳代謝機制。生命體會吸收一大堆奇奇怪怪的東西，而它們吞吐出來的奇奇怪怪東西又被別種生物視為生機、拿去運用，這個過程需要花費四十億年的時間，但正是這個循環最終創造出對我們有利的條件。新宇宙學的根本問題在此時介入，即：「這座地球的宜居性」，此關乎我們如何使之適合居住、如何維持這份宜居性，以及如何對抗那些使地球變得不宜居住的人。而且「蓋婭」真是一個美麗的名字！它來自一則神話，既代表了一個科學、神話的概念，也同時是一個政治

概念，這很重要。也正因為這個用詞不單單涉及一種混雜的概念，它也很明顯地乘載了宇宙學變革的意義。蓋婭是一個華麗的名號，但很多人都把他們的狗取名為「蓋婭」，真的煩死人了！

/ 圖翁 /

他們也把孩子取名為蓋婭！

/ 拉圖 /

是啊，連孩子也不放過，不過這總比叫狗蓋婭好一些，蓋婭真是個絕妙的概念。洛夫洛克經常分享這個故事：他在一座小鎮的一間酒吧裡，正和他的朋友、也就是《蒼蠅王》的作者威廉·高汀（William Golding）喝啤酒；他向高汀介紹了「地球自我調節」

的不凡想法。高汀也覺得這個想法實在妙至毫顛，應該幫它取個響亮的名字，然後建議不如用「蓋婭」來稱呼它。洛夫洛克聽不太懂，因為他壓根不認得這個字 —— 他本人的拉丁文與希臘文一竅不通 ——，但是，最終他接受了這個詞。

　　這是一樁真正的歷史事件，十分引人入勝：本身也是一名物理學家的這位諾貝爾文學獎得主，向生理學家暨化學家洛夫洛克建議了一個決定性的術語。哲學家如我，怎會想錯過這類軼聞呢？這真是個了不起的締連，而且連結還會不斷加強，因為，洛夫洛克與林恩・馬格里斯（Lynn Margulis）成了好朋友，後者當時正在研究病毒、細菌，以及地球的深邃歷史。馬格里斯對細菌特感興趣，而洛夫洛克則對大氣中的主要元素興趣滿滿，簡單來說，他是精確捕捉氣體數量的專家，也曾研究過臭氧層。他們兩人相遇了，最後，在七〇年代初，他們聯手構思出這套蓋婭的

概念。

然後還有伊莎貝爾‧斯登格絲（Isabelle Stengers）所說的「蓋婭入侵」（L'intrusion de Gaïa）。她所關注者，與其說是了解蓋婭的科學層面 —— 我對此興致勃勃 ——，不如說是「我們身居另外一個世界」這種完全令人訝異的事情。伊莎貝爾‧斯登格絲筆下的蓋婭，是一個對政治具有影響力的角色。

我們置身於蓋婭之中，關於宜居條件的問題變得再重要不過，我們已經離開了舊世界，在那個年代，最重要的一個課題乃是運用資源、以圖發展。基於此，我們無法將神話、科學與政治拆散分離。宇宙觀可不是這樣，宇宙觀乃是這些事物之間的連結。當一名人類學家研究巴魯亞人（Baruya）或雅諾瑪米人（Yanomami）的宇宙觀時，他並不會把政治因素、社會組成方式與「世上是否有神」的問題分開，這一切必然息息相關。我們難道不必為這種新的局面命名，

就能夠聲稱自己「改換了一種宇宙觀」嗎？

　　我在此宣布，蓋婭就是這種新形態的名稱，正因為它含有神話感、科學觀與政治性，所以相當啟人疑竇；您所使用的「臨界區」是一個比較不那麼激烈的字。它是我朋友在用的一個詞，這個詞的流通並不廣泛，但在美國及法國，這項概念卻用來指稱完全相同的事情：我們的經驗是生活在生命體之中的經驗，我們都活在由生命體創造出來的世界。與前一時期我們對「地球這一行星」所抱持的概念相比，蓋婭或臨界區實在微不足道。地球這顆球體包含了一系列我們並未踏足其間的地帶，即便可以運用儀器探勘地心裡頭有什麼，我們也無法去到那裡了解它如何運作，因為我們並不住「在」這座星球「裡面」。我們存活在地表外部的那層「漆膜」（vernis）上，那是扁小細薄的一層膜，這個厚度僅幾公里的表面區域，就是「臨界區」。

/ 圖翁 /

這個空間圍繞、包覆著地球。它有多大？

/ 拉圖 /

不怎麼大，但這正是有趣之處。我們賴以為生的、我們所親身經驗的，既是我們「作為生命體與其他古往今來的生命體」一同體驗過的唯一事物，同時它也就那麼薄薄的一層。在舊世界，我們就在地球上立足；我們去探勘火星，我們想要飛向太空，熱情擁抱夢想，舊時的宇宙觀訴諸無限的宇宙，這般無限感似乎向我們迎面襲來。突然間，我們發現自己置身於一個我們所共享的、由生命體共同創造了四十億多年的狹小地帶，我們這些「工業化的人類」之行為無疑占據了巨大的空間，這是我們以往無法預見的。因為直至三個世紀以前，甚至直到二戰前夕，人類在地球

上的足跡都微不足道，與我們先前所面對的無垠宇宙相比，人類幾乎什麼都不是。地球系統並未進入我們的行動體系，因此也無法進入政治領域。我們在景觀層面改變了環境，與地球系統和我們在宇宙中的生存條件無涉。不同的是，在臨界區，生活條件出現了深層的變化，這個用語使我們更容易理解，這不過就是作為科學家的研究對象、我們生活其中的狹小空間，除此之外它什麼都不是。在當今這個世界上，人類的重要性無可比擬，這是一種禁錮，我們突然被封閉在以宇宙的格局來看小得可憐的一個世界裡，在這方世界中，工業化的人類改變宜居條件的能力前所未見。這使得「宜居性問題」成了一項基礎概念。

在當下成為熱門討論話題的其他大型概念中，也包含了「人類世」，我們的朋友們便可藉此推估工業化的人類對地球其他部分的影響。比較人類的「分量」是一件非常有趣的事，今日有許多科學家都在這

麼做。例如，他們發現推土機比所謂的自然侵蝕帶走了更多土壤，而這些在體積重量方面微不足道的人類，卻掌握了改變世界的龐大能耐，甚至堪比科學家所說一股主要的「地質之力」。這就是為何會說「人類世」的概念恰好適用，正是這類規模的問題，讓政治盤問變得如此根本。

那麼，我們為何需要「蓋婭」呢？乞援於她，勢在必行，因為無論如何，尚有某些複雜的事物有待我們吸收。工業化的人類人口數不可謂不多，但臨界區卻依然只有小小一塊。我們必須體認到，環境是由生命體共同打造，而非我們過去認定生命體只是占據了他們自身必須適應的環境。在物理學家眼中，生命本身以能量來說也是少之又少，然而，生命卻改變了一切：礦物、山脈、大氣層。它改變了我們所處的生存條件，這太奇怪了，它幾乎什麼都不是，卻造成了如此重大的影響。這就是這些概念如此複雜的原因。而

且因為地球科學的課程都沒有在教點認真的東西，人們只好自問自身的所在。「我身在何方？」這個關於我們涉身之世的問題，成了一則核心的探問。許多事物皆告改變，必須有能力說出來。這就是我說得比較戲劇化的部分，因為一名稱職的哲學家必須為這些事物命名：我們所在之處，是謂蓋婭。

第四篇

著陸何處？

/ 圖翁 /

對您來說，懂得如何自我描述、尤其是知道如何回答「為了存在（exister）與存活（subsister），我得依靠什麼、仰賴誰？」這個問題，對「著陸」來說相當重要。不僅要意識到我們所生活的世界，也須意識到我們「賴以生存」的世界。這項實踐如何在今日幫助我們理出一條政治層面的道路？

/ 拉圖 /

上個世紀的核心政治現象再度出現：整個文明顯然深知自身遭逢的威脅，卻毫不作為，這到底是為何？

問題在於，自八〇年代以來，眾人迷失了方向，甚至不明白我們為何不採取行動。這當然也可以怪到遊說集團頭上，或者因為兩相妨礙、各自對立的事情

太多了，這倒是真的。但是，人們如此缺乏行動力的不作為現象實在太過嚴重，我們也許得試著找找其他原因。

我建議以下列方式提問：「您要如何期待人類對如此根本層面的宇宙觀變革快速做出反應？」這個問題的解法 —— 我此前也提過了 —— 可以是如此：回到事物的基本，重新出發。我所謂的「回到基本」，意思就是在一張小紙片上寫下您面臨的狀況，如此我們就導入了關於「領土」（territoire）的問題。這個概念也許看似簡單或膚淺，其實稍有不同：「領土」不是地理座標意義上您的所在之處，而是您所「仰賴之物」——因為「依賴」已成了根本的問題。以往的世界奠基於解放，在您當下所立足的這個新世界中，根本問題在於您必須依賴其他人事物，而您依賴什麼，就決定了您是誰，這跟之前的世界完全是兩回事，在這座我們尚未知曉的世界裡，我們小心翼翼地摸著石

頭過河。

倘若我們想盡辦法要了解它，就得備齊一套描述它的策略，不是像外面的某個人客觀地告訴您「您的世界跟我的世界長得不一樣」那樣子去描述它，而是為了自己把它描述出來。聽來有點奇怪，但我完全無法放下「描述」（description）的念頭。描述，同時也是好好坐下來，緩一緩，固本奠基。對於哲學與本體論的基礎課題，我一直在追尋一種堪稱實用、訴諸實際經驗的解決之道，為此，我得出的解方是：「列出您所依賴之物。您依賴什麼，您就是什麼。」或者：「您所依賴的東西，將決定您的領域。」這就是我試圖建立的方法。

為何從政治角度來看這件事，會非常有趣？因為截至目前為止，在事物當前的狀態下，我們的政治觀點與前一個世界密切相關。所以，我們必須重新描述，然後勇於說出：「對不起，但我們對您的政治觀

點沒什麼興趣。」這就是我提出的簡單表達方式。

/ 圖翁 /

我曾經有機會參加由您的「著陸何處？」實驗計畫舉辦的幾場工作坊。您曾在上維埃納省（Haute-Vienne）的聖瑞尼安（Saint-Junien）、里－奧朗吉（Ris-Orangis）與塞夫朗（Sevran）所帶領過的這些「自我描述」（auto-description）工作坊討論中，要求參加者指出他們賴以維生、且遭受威脅的實體（entité）。您還稱其為「鞋子裡的小石頭」（le caillou dans la chaussure）。

/ 拉圖 /

這是一把對抗「意見表達」的武器。當我們要求

他人談論政治時，他們總是認為必須達到一個非常高段的概括水準，他們擺出一個姿態 —— 接近盧梭的立場 ——，即捨棄自身的觀點，迎合普遍意志的觀點，切斷與自身的一切連結以參與普遍意志，這便是盧梭口中政治表態的本來定義。

/ 圖翁 /

「讓我們一起排除所有事實。」

/ 拉圖 /

讓我們排除**小圈圈**（clique），防止針對意見表達的一切影響，以求最終獲致普遍意志。這從來就不具任何意義，在當前局勢之下就更沒意思了。因此，我們必須「返本溯源」……基本中的基本，就是我們的

雙腳！走在路上，總是會踩到小石子讓我們的腳不舒服。約翰‧杜威（John Dewey）曾說：「唯有朝鞋子裡看過一眼的人，方知痛源何來。」先對治「痛處」能讓我們避免太快跳到以偏概全的結論。

集體的概念依舊讓我深深著迷。一個「集體」（collectif）是必須「蒐集」（collecter）而來的東西。如果蒐集失敗，我們就無法表達任何立場。因此，問題不在於用社群網路上眾口流通的意見取代個人意見，這麼做無法讓人們理解自身的立場。在這些工作坊的討論中，我們單純只從「痛點」重新出發，比較不會陷入普遍問題的糾結。例如，我們的一位農民朋友開始描述他所加入的「全國農人工會聯盟」（FNSEA）的模式，即採用工會成員經常使用的「打擊農業」（agribashing）一詞〔按：指環保人士對慣行農業或大型農企的詆毀打擊〕，捍衛自身立場。這時候，我們就必須跳出來說：「不，不是這樣的。請

列出一張清單，描述你所倚賴的一切。」描述不會自己發生，必須對人們使出一點逼壓的手段才會見效。

我們這位朋友重新開始他的陳述，這才意識到他所仰賴的許多事物都受到了威脅，尤其在他居住的利穆贊地區（le Limousin）：他仰賴「歐洲共同農業政策」（PAC），而這項政策正在布魯塞爾的某處被改寫；他仰賴供應商，卻不知是否可能不必使用這些供應商賣給他的東西，但要如何做到？他開始重列他仰賴的所有事物清單……他需要幫助。看到其他人的反應之後，他終於開始重新考量自身處境：「其實我也可以搬去別的地方，不一定要住這裡。」這個「地方」也就是我稍早所定義的「領域」（territoire）。一年後，這位農民開啟了一場近乎革命的蛻變行動；儘管他仍是「全國農人工會聯盟」的成員，但他已然徹底革新了自家的農場。

為何有這種效果？因為描述可以讓情況具象化，

然後將其組織排序。這就是「著陸何處？」這個實驗計畫讓我感興趣的地方：它只是一個小小的採樣範本（carottage）、一個很枝微末節的例子，但我們就是要在這個「針頭」上進行基礎研究。同樣的話我已講了很多次，但因為很重要所以得再說一次，我的研究範本乃是「陳情書」（cahiers de doléances）[1]：在一處明定範圍的領土上，對不公不義處境的描述，體現了向機構與國家 —— 在那個時代則是「國王」—— 提出陳情申訴的可能性，以及對其治理提出影響深遠的變革調整建議之可能性。假使您不知道自己住的是哪個地區，那麼，您向相關當局提出的要求很可能毫無意義，而既然所居地已然發生變化，政府當局現下也必

---

1 法國三級會議中參與會議的每一等級或每一選區，可各自遞交反映自身請求的委託書，藉以陳述自己的意見與期望。法國大革命前夕，三級會議的選民要求廢除封建特權與不平等稅賦、簡化訴訟程序，並對行使王權的具體事項加以明文規定。

須理解，我們自戰後以來為實現法國的現代化所建立的行政體系，也不再如此合適了。

「生態政體」還不存在，我們不知道什麼是一個既能帶來富裕、自由，又能維繫解放感的生態模式——而且它還能同時在地表的封閉範圍保有宜居性。無論在美國或是德國，沒人對此有個具體概念，然而，成千上萬的人正就此事奮力嘗試、摸索前進。我所主張的概念是（「著陸何處？」計畫使我得以在採獲的渺小取樣中確認這一點），我們必須像法國大革命時期那樣，從每個人自身出發。只是，這在今日可難得多了，因為我們對賴以生存的世界之描述，已然因歷時三個世紀的經濟發展、尤其是全球化，而變得無限複雜。這麼說或許是老生常談，但當您生活在利穆贊、布列塔尼或其他各處時，您所仰賴的世界與您相去甚遠，比方說，巴西的大豆對布列塔尼的豬隻來說不可或缺，如果我人在布列塔尼，我就不能無視

我所仰賴的那個世界，然後說：「這是巴西的事，我只要顧到布列塔尼這邊就好。」如果我承認我得想辦法理解、調和這兩邊，那麼政治任務就會變得非常不同。

這麼一來就出現了我所謂的「階級」，不是傳統意義上的社會階級，而是「地緣社會階級」（classes géo-sociales）；例如，當您同意讓巴西的問題介入布列塔尼地區的時候。如果我們想要開始理解布列塔尼的宜居問題，仍必須透過巴西的大豆，對那些終於問出「我在那邊能幫上什麼？」的人來說，還是會產生一些無可迴避的難受之情。那些人並非沒有受到打擊，但他們的身心狀況卻不盡相同，因為這種描述讓對此事之意識成為可能，也重新創造了行動力。這就是我們在「著陸何處？」的實驗中覺得特別有趣之處：能夠對自己說出「如果我能在自身周圍的小小範圍內做出一些成績，我就還保有行動力，因為構成世

界的，就是這一個個微小的基本單位」。

　　當我們重新開始描述的工作時，便能擺脫所有政治討論都會有的原罪，或者起碼是會遇上的災難，也就是以為討論政治，便必須一貫依據某個更高的層次，並更換到另一個普遍的體制。政治，並非是為了改變普遍性的層次，而是依循我們的依賴及歸屬關係網絡，向前邁步，愈遠愈好。我們進行這樣的練習目標不是為了治療，但不可否認，它具有讓人們重獲、重建政治能力的效用，確實，這只是就極小的層面而言，但千里之行，何嘗不是始於足下。COVID危機就是一個極好的例子，它讓我們見證了：這個毫不起眼、持續擴散的病毒，短短三週內就占據了整座地球，這具體說明了「成千上萬微小事物的連結，構成了大規模事件」的現象。

第五篇

新生態階級

/ 圖翁 /

為了對抗對地球的破壞，您說必須讓具有共同利益的新地緣社會階級浮現出來。您誠心呼籲建立的這個生態階級將以自身為榮，並且將有能力透過與以往不曾打過交道的人、團體及實體結盟，以投入戰鬥。

/ 拉圖 /

是的，這個提議比其他的倡議都多了一些假想與臆測的成分。必須思考，這個生態階級是否真的存在？我又再次進入哲學家工作模式，我的工作就是去預見（anticiper）我們感受到的某些事物，並為之命名。眼下此刻，我們預感生態問題逐漸變得與以往政治層面的問題同等重要，為此展開辯論是完全合理也頗為有益的，但各種歸屬關係與連結方式早已截然不同，這就是我所謂的一個「新階級的到來」。它並

非傳統定義上、啟發自馬克思主義的社會階級，而是由我們偉大的社會學家暨文明史家諾伯特・愛里亞斯（Norbert Elias）所定義的「文化階級」。

終有一日，生態問題將成為重中之重，我們將在這麼一種文化情境中，去定義朋友與敵人之間的連結與分界線。當下，情勢依舊複雜，因為我們所知甚少，在每一項議題上（例如風力發電）爭議不斷，沒有任何一個生態議題不會引發爭議。因此，我們必須建立鬥爭陣線 —— 關於階級的老派定義再度出現，但這一次，鬥爭陣線將不只攸關自由主義與社會主義的生產問題及其財產分配問題（快速概括一下），也將涉及宜居性的問題，這些絕對是我們不曾面臨過的、新世代的政治難題。我們的先輩從來毋須花費一分一秒去思考「需不需要擔心大氣層的升溫」—— 哪像我們現在做每一項決定之前都要考慮這件事 ——，他們當然有可能關注乾旱、森林消失，或是其他層面

的問題，但不必擔心「大氣層」，它完全沒被考慮在內，現在，我們則必須在決策的細部環節中考量這件事。

我們必須記得，這些我所謂的「地緣社會」階層仍在成形中。顯然，生態問題正在成為最核心的關鍵，有人卻否認這一點，也有人不知如何消化、並接受這件事。也正是在透過這些方式尋求協助的時候，我們才發現今日尚缺一種明確的表態，可以勇於說出：「是的，這就是一個正在成形的新階級。」

我想援引諾伯特‧愛里亞斯的理論為例，這個例子未必正確，但我得以藉此建構一個較為誇張的平行對照，而誇張妙想（extravagance）是我推進事物發展、並促使人們理解的方式。愛里亞斯的龐大主題乃是重新理解（反思？）以資產階級模式（而不再以貴族階級）為依歸的文明進程，同時去質疑資產階級如何運用一系列模式來掌控權力，並發展出自由主

義以反對貴族階級及其價值觀。於是，我們或許可以稍稍改寫並援引愛里亞斯的概念，說出「正如資產階級嘲笑貴族階級的侷限性⋯⋯」，並提出下列假設，即便它依然只是一則關於未來的假設：「⋯⋯我們當可想像一個生態階級對資產階級提出類似責難：你們跟當年自己崛起時的貴族階級一樣，在政治與行動視野（horizon d'action）方面都有著同樣的侷限。」

我承認，這是一場卓絕的「巨人之戰」（gigantomachie）[1]！不過，這一切皆有助於我們理解愛里亞斯一個相當驚人的重要表述。他闡釋道，資產階級在崛起之初比貴族階級「更加理性」，因為前者能夠想像、並懷抱比貴族們開闊許多的行動視野，在生產的開發以及生產力的飛速發展方面尤為如此。透過普魯斯特（Marcel Proust）運用的一系列象徵元

---

1 希臘神話中，巨人族與奧林帕斯諸神為爭奪宇宙支配權而展開之大戰。

素，我們可清楚地看出這一點，愛里亞斯關於「理性資產階級」的這種表述，實在有趣極了，因為在我的幻想中，我聲稱生態階級必須說出：「我們比你們這種自由派的資產階級更加理性，因為整個二十世紀以來，你們都無能理解：涉及生產的基本條件乃是地球的宜居條件；而你們卻把它徹徹底底地搞砸了。你們毫無理性可言。」該如何想像，在一百年當中完全忽視生態問題與升溫問題的一個階級，還妄談什麼理性？當然，生產確實非常重要，關於生產的各式分配問題也無比重要，然而，所有這一切都被完全融入、嵌合在我們認為最優先的事物或概念中。這就是我們必須施為、並讓生態學家感到自豪之處，自豪感真的太重要了。

我們這個生態階級可以自豪地說：「是我們代表了新的理性與新的文明歷程、文明的進步，因為我們懂得考量『地球宜居條件』此一根本問題。」這是對

行動視野的一個重新定義，也是對時間視野層面的一種預測，這正是當前政治所缺乏的，也是政治會成為災難的主因。自由派資產階級大談經濟復甦，但他們的心思並不在這上頭，尤其在COVID-19爆發之後：他們早已放棄。不過，對一個階級來說，擁有自身的視野觀點是非常重要的事，因為，一個階級之所以是階級，首先就代表了一種計畫與設想。今日，可沒有一個階級會說：「我們會接棒前進，我們就是時間視野本身。」

我們不該以進步的角度來理解此一視野，這挺複雜的：它非關進步，卻依然象徵繁榮。「繁榮」（prospérité）與「進步」（progrès）是兩回事，這不是一個透過忽視生存條件與拋棄過去而重演舊式解放的問題，而在體認到「我發覺我必須仰賴所有這些生命與存在，無論是蜜蜂、燕子、氣候……，而『有東西可以給我依靠』是件好事」的這項事實當中，尋得另

一種解放之道。關於自主（autonomie）的概念以及「何謂自主」的參照指標非常不清楚，因此，這更是一樁政治哲學的問題，在某種程度上，我們必須變得「異質自主／他主」（hétéronome）！在這些問題上，我們不能求快，因為必須重新創造，正因我們改變了一種宇宙觀，所以才會如此複雜，我們必須找到一種對治這些問題的政治力量，這股力量要能夠說出：「你們總是抱怨想像力不足，烏托邦叫也叫不來，歷史意義也不斷匱乏……」

/ 圖翁 /

宏大敘事已不復見。

/ 拉圖 /

　　是的，「……但我們有一個偉大的另類敘事。」
這就是社會主義所為之事，一百五十多年以來，它創
造了關於歷史與進化的另類敘事……我們不曾意識
到經濟科學家在知識與文化面所達致的巨大成就 ——
首先是自由主義派，接著是社會主義派。生態學家也
有同樣的工作要做，那就是重新定義何謂歷史、何謂
科學 —— 這很重要 ——，還要重新定義時間視野，
而其中卻未必牽涉進步、發展或是「登陸火星」。今
日要定義的是一種政治，其階級鬥爭的定義是透過下
列的提問來呈現：你們是否努力維繫自己精確描述過
的地球可居條件，並在這些條件的範圍內，辨別什麼
是重要的、什麼是不重要的？如此一來，那些將自己
與「宜居性」這一根本課題連繫起來的人，某種程度
上就是階級的好夥伴、鬥爭的好兄弟，此刻，我們又
回到了典型的政治模式：所有人針對所有議題爭論

不休。但這很正常，我們至少知道自己在爭什麼。在
當前的政治災難中，我們根本不知道在吵些什麼，
必須承認，大家真的有點不知道在搞什麼鬼 —— 我
們的眼界在哪？我已經七十五歲，我記得到密特朗
（François Mitterrand）主政之前，我們多多少少還能
透過政黨、政見與口號去理解政治，當時人們仍可能
掌握各個政黨的利益所在，以及應該票投何人，當時
還存在一種可能的支持者邏輯：「我屬於我的階級，
我有我的利益要顧，還看得到呼應我需求的政黨及政
見，所以我投給他們。」這一切已然瓦解，65%的選
民放棄投票權，這不是小事。世界已然改頭換面、
滄海桑田，相應的政黨一個接一個完全「原子化」
（atomisé）了，那種邏輯一致的投票機制最終完全消
失，就算建立一個聲稱要問鼎愛麗舍宮（l'Élysée）
的政黨，也無可恢復這種一致性，在這方面，生態學
家根本就在騙自己。現在，我們必須由下而上地全盤

重建。我的興趣所在，是去理解一個公民社會如何透過重新定義自己的地域（也就是其自身的隸屬關係、自身利益、自身連結、自身的階級關聯……）以求自我重建，這就是我們必須建立起來的方式，接下來就可以期待會出現新的政黨、然後是新的選舉模式，讓我們可以「選賢與能」，但這需要很多年的時間。

　　我們正處於這樣一種非比尋常的情境：近兩個世紀以來，依循自由主義者及社會主義者之間的鬥爭來組織政治的結盟關係，根本已經原子化，造成這種情況的原因很多，尤其是社群網路的作用。儘管如此，我依舊認為，對我們的政治情感影響最大的還是這個新的氣候體制，我們沒有為它命名，也不願承認它才是關鍵問題所在。問題已不再是財富的生產與分配；當下的問題是：「什麼含納、環繞、造就了生產系統？」然後是：「什麼比生產系統更加重要？」歸根究柢，我有什麼資格為另一個階級提出這種建議？我

誰都不是，我只是在命名⋯⋯但我所倡議的概念卻能

幫生態學家們壯壯膽，感染一點自豪的光芒。

第六篇

開發集體工具

/圖翁/

您的方法在於建立工具，尤其落實在各式團體內；您總是採取「團隊合作」（en bande）的工作模式。這是否正與您的哲學及社會學理念有關？

/拉圖/

2002年，我們在卡爾斯魯厄藝術與媒體中心（Centre d'art et de technologie des médias de Karlsruhe；le ZKM）舉辦了「打破偶像」展（Iconoclash）。注意喔，並不是「iconoclasme」（即「聖像破壞運動」），而是「Iconoclash」，即懸疑不定的破壞行動。

那絕對是一次巧妙非凡的思想展陳，探討了我自己都無法直接解決的一個問題。當時一共有七位各具專精的專家參與：藝術史家、猶太史家、建築史家與科學史家等，因為也存在著一種科學的「聖像毀壞主

義」，其概念為「不必借助圖像的思考」（penser sans images）。我們打造了一處美輪美奐的巨大空間 —— 這就是展覽的魅力所在，也是單憑書本辦不到的事 —— 在這座空間裡，參觀者可以自由來去，一邊自問這個再哲學不過的問題：「何謂『身為一個建構主義（constructiviste）者』？」這是一種真正古怪的團體與工具組合：從馬列維奇（Kazimir Malevich）的作品到被新教徒所摧毀的天主教聖堂（或者反過來）。自那時起，關於該展覽的論文已出現許多篇。所有這些團體合作都是真正的迂迴取徑，因為我無法憑一己之力解決這一切問題。

/ 圖翁 /

您經常說您催生出一批批比您更專業的人才團隊。

/ 拉圖 /

沒錯。這些人懂得比我還多。

/ 圖翁 /

但您無論如何都還是在引導這些提問？

/ 拉圖 /

　　我提問，那是因為此乃我身為哲學家的職責。例如，我致力提倡「萬物議會」（Parlement des choses）並對此撰寫許多相關文章，但只是寫寫文章根本搔不到癢處。我們提出了「在議會中『讓非人類代表擁有出席權』意味著什麼？讓我們日日談論的那些『事物』親自列席議會，會發生什麼事？」這個大哉問，最轟動的事情就是我們與弗列德里克‧艾特－圖瓦蒂

（Frédérique Aït-Touati）在2015年氣候峰會前夕，一同打造了讓許多學生可以參與其中的設置，大家說好要玩真的，其實是「以假代真」，換句話說就是「製造一種情境」。於是，在南泰爾（Nanterre）的一座戲院裡，上百名學生玩起了情境遊戲，以驗證我所提出的哲學問題是否準確。「大會中若出現下列陣容，會發生什麼事呢？我們不僅有美國、法國、德國與巴西，還有一個來自亞馬遜的代表團 —— 看清楚不只巴西喔，是亞馬遜 —— 然後還有一個海洋代表團、一個北極代表團、一個石油代表團，每個代表團都擁有自己的發言權。」就像在氣候峰會上一樣，會議主持人會說：「美國，給你兩分半的發言時間；海洋團，你也有兩分半可以講。」隨後是鉅細靡遺的協商過程，美國才能藉此聽取「海洋」對美國自身漁獲捕撈事業的貢獻，這很吸引人！當然，這類操作某種程度上略顯天真，它依然只是一種虛構手法，一場角色

扮演遊戲；但它足以讓我們面對一則無比基本的哲學課題，並使之再次得人聞問。

我們正在談論的這些東西，被捲入生態問題的探討，也進入政治討論的範疇，而且它們一直是政治問題的一部分，但我們卻尚未意識到這點，到了某個時刻，這些事物必須擁有發言權，為了以另一種方式呈現此概念，這回我用上了一個宗教隱喻。「擁有發言權」（avoir une voix au chapitre）是什麼意思？我為此寫了一整本書：《自然的政治》（*Politiques de la nature*），這意味著要營造某種類似國民議會的東西，能在實例中測試此事，真是美妙。依然在同一處，在ZKM藝術與媒體中心，我們籌畫了一場新的展覽，自哲學的角度來看，同樣令人激賞：「讓物件公共化」（*Making things public*）。一道基本的哲學問題再度浮現，跟我們前面提過的「蒐集者」有關：目前有多少種談論非人類（non-humains）的方式，如

何讓它們同時享有出席權？又一次，參觀者在穿越這座巨大空間的時候，會見到他們不曾想像過的事物。議會開議，組織、召集公民團體決定未來，這些不只發生在議會，也發生在技術、經濟與法律層面。展覽中有一個「議會主題區」，但它只是其中的一個小小元素，幾乎只能算是所有攤位（展示了以其他方式談論政治的蒐集者）當中的一個小攤位。展覽是一種美麗強大的媒介，讓參觀者有機會以文字以外的方式來面對哲學問題，這是很美的一種呈現方式。

這就是我所稱的「經驗哲學」（philosophie empirique）。再說一遍，這是一場集體的創作，策畫一次展覽需要兩百人一起工作兩年的時間，我學會許多我原本不懂的東西（收穫不可思議地多），我們當然可以說這都得力於一套有條不紊的方法，但某種程度上，這也是出於我的侷限性。既然我不懂得如何處理問題，不如借用他人之力：我將比我懂得更多的

人齊聚我面前，試圖處理那些問題；它們非常基本、卻又難以解決，單憑我一己之力躲在小書房裡梳理文章，根本辦不到。

當蓋婭入侵時 ── 套用伊莎貝爾・斯登格絲的說法 ──，我心想：「力量太強大了。與蓋婭面對面，我會被打趴。」於是，我再次找來比我更懂的人 ── 弗列德里克・艾特－圖瓦蒂與克洛伊・拉圖（Chloé Latour），我對他們說：「我覺得，為了詮釋這種『物事』的現身所觸發的情感，戲劇是一種非常理想的媒介。若非借助戲劇的形式，『蓋婭大神』將過於駭人，而我們在文本中能夠運用的語彙又太顯貧弱，因為這種宇宙觀的改變實在太震撼人心。」於是我們製作了一齣戲，然後我做了三場戲劇式演講。我根本不想以劇作家自居，但由於哲學並非一種元語言（métalangage），它便能與其他模式產生共鳴，雖屬不同媒介，但展覽與戲劇或授課一樣，皆能達成哲學

思辨之目的。

　　如果有人認為「關於思想的主題展覽」是拉圖先生在一個實體空間中的概念應用實驗，那就大錯特錯了。事實是，拉圖先生還不確定、但覺得有些東西需要思考；他需要藉由別人的作品來達成目標，而正是透過這些作品以及觀者的反應，他才能印證自己到底在追尋什麼，這才是最美好的部分。當哲學不再自詡為一切事物的基準，它就可以運用完全不同的手法，寫寫書固然很棒，但還有一大堆別的事情等著我去做，好比說，我得教書，也得創立學校。我開創了一些「教學機構」（而非「學派」），我設立了SPEAP（Sciences Po École des Arts Politiques）── 巴黎政治學院（Sciences Po）附屬的政治藝術學院 ──，它已經運作了十年以上。

　　為何要這麼做？因為一旦少了藝術，就無法探討這些生態問題。如果您缺乏足以「消化、代謝」生態

處境壓力的情感基礎，那會逼人窒息，您只會感到焦慮、全身無力，無法跨越困難，因此，必須找出其他不同方法之間的連繫。可是，想說服法國的大學機構相信「製作一齣戲劇」與「印行經濟學或社會學教科書」同等重要，這件事非常困難！今日很少有人研究這個問題，當今的大學必須理解自身已不再是十九世紀洪堡（Wilhelm von Humboldt）所設計的那種大學，這點對我來說一直相當重要。我的意思不是要打造一種「先鋒機構」，然後耐心等待計畫資源流淌、挹注到社會大眾身上；相反地，應該讓大學及其研究能量，以非常實際有效的方式，幫助那些正在歷經土地變革、並試圖理解自身處境的人們。為了扭轉大學的發展方向，讓它不要單單自滿於「作為基礎研究的前導單位」，我們當然必須持續開展基礎研究 —— 這點依然相當重要 —— 但要將其導向「為那些深受影響之人服務」。「服務」並不意味著「我教您一些您

本來不知道的事」，有鑑於我們所經歷的現代歷史，我們確實不太了解人類身陷其中的這座新地球的真實處境，因此，我們得竭盡所能，找出探索這個全新局勢的方法，以避免人們驚慌失措、茫然無助，乃至對當前的政治局勢持續感到絕望。

／圖翁／

既然您已經開創了許多工具、團體與教育單位，是否意識到自己也算「開宗立派」了？

／拉圖／

這個生態系統使我受益匪淺，但它是一個極其複雜、無限多元的生態系統。在各種層面的意義上，它都不屬於過去用來定義哲學的所謂「流

派」，雖然有「德勒茲派」（deleuzien）或「傅柯派」（foucaldien），卻沒有所謂的「拉圖幫」（latourien），但這樣才好，因為重點根本就不在此。我的目標一直都是創造一些「團體」，在那之中，各式學門與不同類型的媒介平起平坐，這點非常重要。我所敬佩且與之共事的許多年輕學者都主張：「為了從現代化轉向生態化，也就是從現代化的處境轉向『在地球宜居性的範圍內同時保有富裕及自由』，我們必須投身這樣的轉變，其規模之大，需要所有學科的投入參與，也需要我們在大學院校、各大展館與各式機構中，針對所有可能與想像得到的主題通力合作。」我於此過渡時期伸出援手，且希望能再次幫上一把，以助眾人達標。我尚未「開宗立派」，但我相信我所為之事在今日會是一種真正有力的模式：在彼此天差地別的學科中展開集體合作 —— 這些學科運用的媒介不盡相同，卻能探討同樣的問題。與其寄望

於在Ａ級或Ｂ級的期刊雜誌上發表科學論文，以求將精煉後的知識對公眾普及，不如逆向操作，直接迎向一般大眾，因為他們的迷茫無助至少不會小於研究者自身的困惑。這套模式絕對是關鍵所在。

第七篇

宗教的真理

/ 圖翁 /

在《喜樂，或宗教言說的苦痛》（*Jubiler ou les Tourments de la parole religieuse*）一書中，您寫道：「這是他想談的。這是他無法談的。他的舌頭上好像卡了一頭牛，受語言表達障礙所苦。他無法表達己見。他無法與他人分享長久縈繞心間之事。在雙親與近朋面前，他只能隱忍不說。他只能結結巴巴。他該如何向朋友、同事、侄兒與學生坦承這件事呢？」

布魯諾・拉圖，這個「他」，就是您本人。我不想問您信還是不信 —— 因為我知道，無論從個人角度還是從哲學角度來看，事情都不是這樣說的 —— 但我只想問您：為什麼宗教言說如此困難？

/ 拉圖 /

宗教言辭對應了一種相當特殊的「述真」（véridiction）：那些詞語具有一種特性，足以使交談

對象改變信仰、轉化心性。一名基督徒、一位傳教士或是一個信徒，透過其言辭以及他所說的話，改變了他談話對象的存在狀態。這與科學家在實驗室裡、女性政治家投身選舉、法學家在法律工作中試圖做的事情完全不同……宗教的「述真」模式再次展現其完全獨特性，有屬於自己獨有的語調及所謂的「得體條件」（這也意味了這類話語可能達不到效果）。它們有可能毫無效果，此乃這些不同的「述真」模式有趣之處，只要去聽一次布道大會，就會發現這種模式其實經常失效。我那可憐的妹妹幾天前剛下葬，那些看起來陰沉到不行的葬禮神父進行了一場糟糕透頂的布道儀式，根本就是一次完全砸鍋的講道示範，教堂裡絕對沒人因此成功皈依。正如科學事實極其罕見，合宜的宗教宣講也同樣稀有。

但我們也會發現，這種非常奇妙的言辭形式 —— 它會讓談話對象發生改變 —— 卻與絕對真理的概念

產生某種連結。我非常欣賞的偉大埃及學家揚‧阿斯曼（Jan Assmann）針對這個問題撰寫了多本引人入勝的著作，他的觀點是：我們西方文化中所稱的「宗教」，實際上對應了一種將真理概念引入宗教問題中的宗教信仰，畢竟，在此之前，宗教未必要是「真的」。希臘人有希臘人的宗教，甚至雅典人也有雅典人自己的宗教，而跟斯巴達人的宗教不同。這些宗教是市民形式的宗教（但也不僅止於此），不會強迫人們相信它們是唯一的真實宗教。但何謂「真正的」？這就是「述真」模式問題的關鍵所在。就「述真」的意義而言，「真實」指的是藉由我所說的話去改變交談對象的力量，正是這種皈依的真理模式，透過慈善行為，從上個千年傳承到下個千年，這些行為定義了我們可稱為「信仰」（la foi）的事物。

　　還有另一種〔宗教〕真理會強調「我們的神（Dieu）才是真正的神」，這種真理很可能會突然轉

變為其他形式的真理。根據阿斯曼的說法,這就是猶太基督教(le judéochristianisme)經歷之事,前所未見,沒有任何一個希臘人會說「阿波羅是真神」或「宙斯是真神」。當「真實(vrai)的概念與神的概念得以相互締連」此一駭人想法傳入了世界,真實便開始吞噬、侵蝕其他形式的真理。於是,宗教開始入侵其他模式,聲稱它不單只在自身的模式中真實無欺,且在道德、科學、法律層面也真切無礙。

您前面引用我的那句話,就是在處理人們對宗教的不理解。這樣的不理解造成的最大災難展現在政治上,因為如果認為宗教在其自身模式之外也是真實不虛,它便會很霸道地以「過問政治」作為其使命。我們的眾師之師,偉大的斯賓諾莎(Baruch Spinoza)在一篇無比傑出的文章中提出了這項基本問題(他恰好稱之為「神學-政治」〔théologico-politique〕論文 —— 這個用法有些奇怪),試圖在另一個時代將它

梳理清楚：我們有可能拯救政治領域嗎？我們能否拯救政治領域自身的真理模式，將其從宗教當中拯救出來（宗教也有屬於自己的真理模式）？

　　我會提到這個問題在十七世紀已然存在，那是因為它在今日「依然」是個問題，我們也遇上了一些神學－政治問題，不僅涉及基督教，也關乎其他宗教。為了不讓宗教與政治真理連結，我們需要提取出宗教模式專屬的「述真」類型。這很有意思，我們必須回到君士坦丁時代，並得理解事情分成幾個階段發生：基督教首先成為一種制度，至十二世紀時又開創了我們所謂的「政教合一」（le césaro-papisme）體制，也正是自那時起，基督宗教將會畫定行政與文明的全盤治理，負責料理從內心道德至總體政治的一切事務。其他的〔政教合一〕例子後來又再度出現，每一次都讓人們同時失去了政治與宗教兩種〔述真〕模式的精確性。

斯賓諾莎使用的說法似乎有些奇怪，但卻極其重要，這確實是在我們歷史長河中不斷浮現的一則神學－政治問題。我在《喜樂，或宗教言說的苦痛》那本書所做的，跟我在其他地方大量做過的事一樣，都是為了保住宗教真理的獨創性，避免其與信仰（croyance）的概念混淆不清，也避免將其與「宗教是支配（ordonner）世界、照管道德及關切政治的手段」此一觀點混為一談。

/ 圖翁 /

不過，讀了您的文章之後，我們會覺得，即便神學無法拯救政治領域，它卻可以試圖承擔生態問題。我特別想到了方濟各教宗2015年的通諭《願祢受讚頌》（*Laudato si'*），其中發出了地球與窮人的呼喊。特別是在這個週期性的時代循環中，神學一方面似乎

可以關照當下的氣候問題，幫助我們在面對危機無能為力的謎團中尋得出路；另一方面，您與德國的埃及學家揚‧阿斯曼皆認為，神學的一神論表現試圖將自然與文化分離，並展現其存在模式的霸權地位，這在某種程度上犯了「現代人」的錯誤。您如何看待此一矛盾？

/ 拉圖 /

這個關於精神的問題已經卡關了三個世紀；科學取得了霸權地位，取代了原先的宗教霸權，於是，不幸的教徒唯一能談論的事只剩下「超自然」。對神學家來說，生態學的時代無疑重新開啟了詮釋的空間及義務，我對他們這麼說：「請看看諸位坐擁的美妙機遇吧！一個半世紀以來，你們一直自問『教會是否應該現代化』，而現在，你們不必再問自己

這個問題了，你們一直竭力抵抗、不知如何置身其中的現代性已非問題所在。現代性已在你們眼前終結。」儘管如此，他們依然無法全盤同意。例如，想要向主教或神父解釋「生態學是再次提出『道成肉身』（Incarnation）問題的絕佳機會」，仍然異常困難。然而，今日已被拋棄的「天界出現之前的世界」（le monde avant le ciel）此一觀點，卻是教會自身的傳統，對教會神父們而言，曾經是至關重要的經典探問。

　　現代性的終結使教會能再次開啟這個反思的場域，重新發掘自身的傳統，即「聖言化為血肉」。神臨在地球上，在造物中，參與造物過程，也是造物的共同見證者，與此造物同流共轉。生態學為神學層面打開了一個契機，有許多發明成真，也許會讓我們不再談論聖母瑪利亞，或其他許許多多的事物——它們猶如連番積累堆疊的障蔽阻礙。每一道「障蔽」

（écran）的發明皆其來有自，但發明它們的理由距今已有數百年之久。

您引用這句話將窮人的呼喊與蓋婭的呼求連繫起來，這相當有道理。自「現代人」的宇宙觀來看，這顯然毫無意義，地球不會呼喊，我們也聽不到窮人的哭嚎，這般非凡的融合在一座世俗的世界中根本無法想像，在此，「貧窮」意味著「社會弱勢」，而神學所理解的「貧窮的靈魂」毫無意義可言。只有在生態學的範圍裡，我們才能掌握全新的可能性，教宗最傑出的一手就是創造一則新的神話。很多人、很多牧師與樞機主教，對此驚人的發明深感憤怒：「地球，我的姐妹。」這實在太詭異了！該如何詮釋這句話？當教宗說出這種話語的時候，神父應該做些什麼？現在，機會來了。

我們不該將生態學視為新的宗教意識形態，而是應該將其視為開啟一種可能性的能力。這是一種非常

廣義的生態學定義方式，它讓我們（並非所有人都是基督徒）達成一致，也讓我們所有目睹現代性終結、試圖理解如何重新發現政治價值的人達成一致。這其實是一個再文明化（reciviliser）的機會。我們曾一度隨著現代性文明化了，但結果並不好，因為我們已然陷入僵局。而現在，我們可以憑藉生態問題，讓自己重新再文明化一次。

第八篇

科學成就之道

/ 圖翁 /

與當今許多關注生命議題的思想家不同，您會開始關注生態學，並非是出於捍衛瀕危物種或瀕危地帶。是哪些社會學與科學哲學問題，引導您走上了這條路？

/ 拉圖 /

生態學並非我的專攻主題。我是透過分析科學家的研究活動而走入這個領域的，當我開始觀察「**科學如何成形**」（comment la science se fait）的時候，遇上了這個主題——這也來自我多年前與米歇爾・卡隆（Michel Callon）共同出版的一本文集之標題，我們在該書中探討了「成形中的科學」（la science qui se fait），而非「已完成的科學」（la science faite）。科學總是仰賴「爭論」方告完成，換句話說，科學必

須混合東一點政治、西一點自我，再加上科學家之間簡單的小型「競爭動態」（dynamique de compétition）才能成就。例如，我們當下在COVID、殺蟲劑或氣候相關問題的科學研究方面，可以很清楚觀察到這一點。

　　科學也在許多特定的地點與稀有的角落成形；我想談談實驗室裡的這個研究對象，我為之醉心半世紀。好比說，正是在此處，出現了像腦內啡（endorphine）這般重要而有趣的事實與發現。現在人人都知道什麼是腦內啡！但是，當我在聖地牙哥（San Diego）索克研究所（Salk Institute）的實驗室裡研究時，我日復一日看著腦內啡逐漸成形，以某種方式從我所在的人造實驗場所湧現，我為此萬分著迷。您帶著滿滿關於科學的（大寫的科學〔Science〕）古典認識論前來，而置身在現實中，您會領略到絕對奇妙的這件事：正因實驗室乃人造而成，它才能建構一

些可靠的事實。正因這些地方實屬稀有，您才能得出一些肯定的結論，科學發現是一種非常罕見的事情。

／圖翁／

身為一名社會學家，您為何會對眾科學與各類實驗室深感興趣？

／拉圖／

實驗室可以促使我們思考這種令人讚嘆的矛盾，即：「客觀性是被生產與製造出來的事物。」「我們如何得出科學真理」是三百年來認識論不斷探討的一項宏大哲學課題，換句話說，我們如何在同一句話中將「它是被製造出來的」（c'est fabriqué）與「它是真實的」（c'est vrai）連繫在一起？如何面對這個

問題？我的回答是：「一起去看吧！」這種「迂迴」（détour）已成為我處理問題的慣用手法。想要回答如此消極的一個哲學問題，我們需要一個可做田野（terrain）調查的場所（lieu）。有了這個場所，我們才能了解它是如何完成、如何被製造出來的，這就是米歇爾・傅柯（Michel Foucault）採用的方法。

我正是為了透過對實踐的細節分析去研究一個哲學問題，而在實驗室待了兩年。我在那裡意識到，這樁巨大的謎團完全可藉由經驗法則來研究 —— 回顧我們如何在幾個小時的時間內，從「我們可能發現了腦內啡，雖然還不太確定結果」到「確認無誤，事實已確立」。一個原本無法解決的哲學問題 ——「我們如何得出科學真理？」—— 可以透過經驗法則來研究了，而實證研究是實現此一目標的唯一途徑，這正是田野調查的魅力所在。顯然，欲了解事物的運作之道，就必須花點工夫，並結合一系列的原理、方法、

人類學及哲學知識以分析那些驚奇的事物。腦內啡在傍晚五點還只是一種「可能性」（probabilité），半小時後，它已成為一項「事實」（fait），這絕對蔚為奇觀。

/ 圖翁 /

是的，確實如此。但這怎麼可能呢？

/ 拉圖 /

這恰恰是透過細微的手法才得以完成，但它們都是實驗室中所發生之現象聚沙成塔的積累。例如，實驗鼠針對被施加的考驗做出反應的方式、注射腦內啡時所觀察到的現象，以及同事們反覆駁回他們最初的假設。上述皆是一系列我們無法迴避的爭論，因

為，正是透過爭論方能「界定」實驗室所產出的反應結果，或使之更加確定、更加牢靠。在我進行研究的實驗室裡，同事們以批判的態度討論成形中的腦內啡相關知識。但別忘了，同時還有四、五個實驗室是競爭對手，且不同實驗室的腦內啡名稱可能也會有所不同。我們會來到一個穩定的階段，在那一刻，「不確定感」消失無蹤，這很不可思議：我們會觀察到，事實是「被製造出來的」，但卻又如此「可信」。這與科學方法絲毫無關，因為那些事實乃是「東拼西湊」而來！這就是我所細細呈現的：我們在實驗室裡尋找不同的資源，以圖凝聚我們注意力的這項鼎鼎大名之物趨於穩定。

伊莎貝爾·斯登格絲為此事下了一個了不起的定義：這個腦內啡的概念還只是一個「初始的」（inchoatif）的事實，卻授權您代表它發言，並說出它是什麼。在這一刻，您的主觀產出、「您有許多同

事」，以及「背後有一整座社會」的事實都消失殆盡；現在，就某種程度而言，這個既成事實為它自己發聲了。當然，這是在一個人造的實驗室中、背後有一個完整的社會世界，這個腦內啡得以在此發言。該物體是如此美麗，以至於科學哲學完全忽略了它。科學哲學反而認為，科學能讓人們擺脫泛泛輿論，它與社會及政治都絲毫無涉。我花了兩年時間在實驗室裡觀察到的恰恰相反。輿論、社會與政治正好就是科學家們投身其中的實踐領域，透過這些實踐，他們得以產出客觀事實。四十五年來，我的同事們和我不斷努力證明此一顯而易見的事實；我們一同寫下了一部真正的科學史、一部科學社會學。但在我看來，這些走過的路並未在科學家身上留下丁點痕跡。

/ 圖翁 /

這是為什麼呢？

/ 拉圖 /

這是一個關乎霸權（hégémonie）的問題，我覺得這個說法很精準。一旦冠上大寫S的科學（Science）霸權對社會的所有分析 —— 尤其針對法國社會，但又不僅於此 —— 形成巨大壓力，我們便還不能說我們的研究領域效果能有多好。

/ 圖翁 /

正如眼前的公衛危機。

/ 拉圖 /

這場危機就清楚呈現了人們如何要求科學家迅速提出事實。「你們是科學家，所以要拿出事實。」但其實並非如此！伊莎貝爾·斯登格絲不斷以自己的方式證明這一點。事實極其罕見，科學發現更為少有，認為科學方法一體通用，只須穿上白大衣、無論開口說出什麼都能被視為大寫的「科學」（Science），這種想法根本自欺欺人。此乃一種欺騙，因為對一門學科有效的方法對另一門學科也許無效，即便在同一個學科之內，某個案例的成功經驗也未必適用於其他的案例。因此，我和我同事們的想法是將這些「離地」（hors-sol）的科學 —— 這些合乎「本然觀點」（view from nowhere）的科學 —— 帶回產製出它們的網絡之中（套用唐娜·哈拉維〔Donna Haraway〕的說法）。我們的看法立刻引發軒然大波，一些激動過

度的哲學家驚呼我們是在批判科學！正好相反，這是對認識論的批判，而非針對諸科學或各式科學實踐的批判。今日，我堅認，唯有當科學被視為一種適切的科學實踐（其目的不是為了建構一種「無中生有」〔from nowhere〕的宇宙觀）時，它才能更好地被捍衛與理解 ── 而我必須說，氣候危機與COVID危機更加說服我這一點。

如果科學實踐能夠得出客觀事實 ── 我們唯一能夠「在科學上確認」的事實 ── 正是因為它是由各路同仁共同完成，並且搭配詳實的後續追蹤；也正因它促成了人工實驗室的設立（必須資助這些研究）；更因為這類實踐也會犯錯、會猶疑沒把握，而且實驗結果罕若珍寶。但這些觀念並未成為科學家的日常信條。

/圖翁/

情況開始出現變化，尤其是「聯合國政府間氣候變化專門委員會」（GIEC）的工作。您說GIEC的某些成員有時會告訴您，他們需要您與您的科學哲學來理解發生在我們身上的事。

/拉圖/

氣候科學尤其有趣，它涉及物理、化學、大量模組及演算法，也同時仰賴海洋浮標、衛星、岩心探勘……簡單來說，它是由數以億計不同資料組成的複雜拼圖。它並非如過去的哲學家所說的「是一門『假設－演繹』（hypothético-déductif）的科學」，而是一門匯集多種資料的科學，如同以千絲萬縷編織而成的地毯一般堅固。利用同一個拼圖模組，我們其實早在八〇年代就知道二氧化碳將使地球升溫，既然世人已

確知這一點，那些從事氣候研究的人還以為大家接下來會採取行動。他們大吃一驚，人們不僅沒有持續行動，而且當他們以為自己可用科學權威（「科學告訴我們……」）捍衛自身想法時，反而成為眾矢之的。無數的遊說團體立刻反駁，說他們講的這些其實是「假新聞」，科學告訴我們的完全是另一回事。我花費許多心力研究這場始自九〇年代的爭論，此爭論至今尚未結束。

讓我特感興趣的是，這場論爭讓科學家 —— 氣候科學家、地球科學家、臨界區科學家 —— 意識到，這套著名的認識論對他們的護衛極其不力，此論將「科學」冠上大寫的 S（Science），而他們也正是仰賴這套認識論，才能說出「既然科學都這麼說了，我們便該據此行動」。科學是這麼說沒錯，但行動並不會隨之而來，因為冠上大寫 S 的「科學」（Science）並不存在。在某種程度上，他們是在拿木劍替自己辯

護：「請看，我們是科學家，我們才是對的。」他們飽受抨擊，士氣低落。正是在這個時刻，他們當中的一些人前來拜訪我與我的科研同仁，請求我們的協助。但要想我們伸出援手，條件是他們必須接受這種想法：即作為一種實踐，使之處於非常特殊、所費不貲的網絡當中，且必須得小心翼翼地細心維護。必須擺脫一種錯誤的「全能」觀念，即「一朝科學家，所言皆科學」。科學家並非萬能，科學亦無法僅憑自身成就一切。

問題在於，科學家們想要「魚與熊掌兼得」，他們既想實踐科學，又想維持科學霸權，讓他們定義真理的特殊方式凌駕其他定義真理的方式，包括輿論、道德、宗教⋯⋯如此一來，連經濟學家也都自稱科學家，嚴格說來，這毫無意義。「科學」這個詞被當成口號濫用。這是丟擲標槍攻擊的一種方式，但與科學實踐絲毫無關。

第九篇

存在的模式

/ 圖翁 /

您在2012年出版的重要作品《存在模式的調查》
（*Enquête sur les modes d'existence*）中（由您的主要
出版商 La Découverte 發行），您試圖對抗科學、宗教
以及某些其他存在模式的霸權。在您看來，哲學是否
正是多元存在模式的守門人？

/ 拉圖 /

我從來都搞不清楚自己到底是社會學家還是哲學
家……

/ 圖翁 /

所以我問對了！

/ 拉圖 /

基本上，我是一名哲學家，但我也試圖解決一個社會學問題：了解是什麼構成了社會。社會本該由社會關係所構成。但我曾有機會與朋友們在巴黎高等礦業學院的創新社會學研究中心（CSI, Centre de sociologie de l'innovation de l'École des Mines）共同主持一個計畫（依然還是一項集體計畫），我們因此主張：社會學並非「社會的科學」（science du social），而是「連結的科學」（science des associations）。社會學所關注的是那些彼此互不相干事物之間的異質連結：這裡一點技術、那裡一點法律，然後再加上一點點科學……

我始終認為，在這些事物背後隱藏了一個真正的哲學問題。那時，我的同事們一直不同意我的看法 —— 畢竟他們都是貨真價實的社會學家。對我這種古典派哲學家來說，這其實是一個關乎「真理」

（vérité）的問題。何謂真理？在哲學的 DNA 裡（如果我們可以用這種庸俗的詞彙），一直存在著對「整體性」（totalité）的興趣。它可以是黑格爾的整體性，但也存在著許許多多不同的整體性，例如懷德海所謂的整體性。

/ 圖翁 /

換句話說，哲學試圖「思考整體」（penser le tout）。

/ 拉圖 /

哲學試圖思考整體，思考組成世界的一切。這個問題平凡無奇，但我一直認為它絕對再明顯不過；同時，哲學也深知自身的限制；它知道自己辦不到。它

不見得必然意味批判，但它飄忽不定，反覆摸索出路。於是我又回到了我的經典哲學提問：何謂真理？

在研究關於真實問題的宗教存在模式時，我已然產生了某種想法。我在實驗室研究的範圍內，對客觀性的產生過程也非常有興趣。在此，它也確實涉及了一種真理模式；但最令人震驚的發現是：它竟然如此的局部（local）。從實驗室（拿老鼠做實驗）到研究發表，在這條複雜難行的道路上，但凡少走一步，事實就會煙消雲散。「由點到點」（de point à point）是獲致真相的唯一途徑。也不知為何，我打小就對這個「由點到點」—— 即「過渡」（passer）—— 的問題深感興趣，您無法跳過那些階段走捷徑，並且要為每一個跳過的階段付出代價。

把這個「由點到點」的問題歸結為哲學的大哉問，似乎顯得有些奇怪，但這就是我的方法，如果它可以被稱為「方法」的話：它對整體問題感興趣，

但卻是透過一種極其細緻、且非即刻有效的機制觸及整體。在實驗室裡，我們一步步獲致了客觀性；在法庭上，我們也必須從一個點到另一個點，任何一步都不能漏掉：如此方能將一切組織起來。這就是我對法律如此感興趣的緣故。「法律層面的真實」（le vrai juridiquement）是一個令人驚奇連連的美麗範例，它呈現了完全不同的另類真理。如果您說：「很抱歉，您說得也許有理，但您『在法律上』（juridiquement）是錯的。」每個人都會明白這句話的意義。您也可以理解，當律師認可您的證詞、您的創傷，卻同時宣告您「在法律上站不住腳」。如果法官這麼說，一切便拍板定案。有一種真理乃是法律絕對獨有，人人都能理解它獨立於一切之外，並且確實無疑，或者更具體地說，「在法律上不容置疑」。副詞「在法律上」被尊為一種存在模式，一種俐落不沾的獨立真理模式，請容我這麼說 —— 換言之，它對其他真理不具備特

殊的霸權地位。

在我加入創新社會學研究中心時，心中早就打算把各種真理模式並列對照、加以比較，真理問題便如此與相應的社會問題（我們的社會由何構成？）締連在一起。我們的社會由法律、科學、技術與宗教所構成 —— 由所有這些不同的制度與真理模式所構成。這些片段連結組成了整個社會：社會（le social）由所有這些環節與不同類型的真理所組成（這些真理彼此互不相容）。

當您對一個人說：「很抱歉，您雖經歷了可怕的創傷，但這在法律上並不成立。」這句話無法安撫他，但他意識到一種非常特殊的技術真理模式，唯法律制度所特有。換句話說，這種真理模式與他者截然不同，它擁有自己的力量、自己的傲氣與自己的才能，與上述這些特質在科學層面的表現完全不同。我們可不會說：「在法律上它是真的，但在科學上它也

是真的。」至少就這個意義來說是如此，因為相反地，科學家們會毫不猶豫地說：這件事在科學上是真的，所以不管它在哪、對什麼而言都是真的，半分不假，而其他宗教、法律與政治專家所提出的，無非是一些觀點、看法而已。物理學、化學及生物學的發明皆是美麗非凡的發現，時至現代，科學的真理模式已然如此確立，以至於所有這些科學被一種無所不能的認識論一併吞沒，被「帶離地面」成了一種「本然觀點」。在這過程之中，我們對其他的實踐表示，它們的方法、它們的思考客體、它們的結果與發現，僅僅來自主觀性 —— 而且世界已被創造完成。這麼做構成了一項罪行，您既徹底消滅了同時被您輾壓的不同真理模式，也徹底消滅了科學模式本身的真理 ——您既不說明它何以至此，也不說明您是如何得出這些結果的，於是您就失去了科學生產的「由點到點」意義。

如果法律在某種程度上成了引導我的指南針，那是因為它並不一定都會自命不凡。當然，法律也夾帶著些許的霸權欲望，但我們難得聽說其他所有模式都是法律模式，或許是因為法律太過古老 —— 比各大科學古老得多 ——，它構成了由已然確立的幾種真理模式所組成的星系。再來回答您最初的問題，我認為，哲學正是在此改變了意義，它將持續從事研究、對真理提出質疑，但它也承認真理應當是複數的；這並不是相對主義意義下的「沒有真理」，而是說，每一種模式都定義了自身獨特的述真方式，有別於旁側其他的模式。

如果我們對政治事務（le politique）感興趣，就必須鑽研一下這些問題，這很基本。因為我們完全忘了也存在著一種政治事務的真理。說到政治，指的不外乎是一些被瞧不起的政客，我們譴責他們胡說八道、以最俗濫的方式耍嘴皮子。但也正是由於人們

對政治的這種蔑視，針對政治中「扯謊」（le mentir）與「講真話」（le dire vrai）的研究可說少之又少。然而，政治事務的真理是存在的：所有人都很清楚如何分辨所述之言的真真假假，以及言辭當中何者真實可靠、何者不可輕信，而且每個政治人物基本上都心知肚明自己有沒有在撒謊。雖然要釐清怎樣才算政治真話仍舊非常困難，但還是有一個很明確的判斷標準：從含糊不清的民怨到執政當局的命令，在這漫長的〔政治話語〕迴圈裡，您的話語是否能夠讓大家從一個階段順利進入下一階段，從而使這種迴圈能夠運轉起來？如果您說出來的話是為了讓迴圈停止運轉，那麼您就是在說謊。您在政治上扯了謊，因為，這又再一次與科學、法律或宗教的謊言無關了，而是一則政治謊言。我一直對「尊重政治事務」這個問題頗感興趣，想讓政治值得尊重，就必須藉助其真理模式，對之進行全盤的分析與理解。

除了法律、政治與各類科學，我也花了大量時間研究另一種美麗非凡的模式：技術。技術真理與其他真理截然不同，而且更是問題不斷。例如，它提出了這個問題：如何知道一個東西造得好或造得壞？

/ 圖翁 /

「這樣行得通嗎？」

/ 拉圖 /

「行得通嗎？技術上是否有效？」我們不該混淆科學與技術，因為它們是兩種不同的存在模式。某樣事物在技術上很完善，未必代表它在科學上就是正確無誤。許多技術史家皆已指出：工程師們快快樂樂、事不關己地穿越科學禁區！他們無須顧忌、全速衝

鋒，因為科學真理與他們毫不相干。他們的問題涉及的是技術真理。

　　我們會發現，關於科技的問題以及技術統治時代的來臨，已然積累了一整套寫滿哲學胡謅的文學作品。然而，科技是持續轉化的計畫，它調動了一系列完全異質的資源，我們所使用的每部機器其實只是這項計畫中的一個瞬間、一個靜止的定格畫面。例如，技術文件卻充斥了法律用詞！為了理解這一點，只需想像數以百計的法律專家聚集在一起，校準電信設備（或我們所使用的任何其他機器）的代碼系統與使用規範。如果我們想對技術進行思索，就必須由這種持續運動的角度來考量，也就是思考技術計畫（projet）、而非技術客體（objet）。

　　這個轉化運動也貫串、並部分構成了前面一再提到的「集體」。我們一直試圖理解這種集體，它不是古典社會學所想像的那種社會集體——古典社會學

立即想像出一種「上層結構」（superstructure）的形式，一切的社會關係或許都在其中維繫不墜。它像奶油一樣，根本就是一堆軟趴趴的東西！這種社會學缺乏一名「匯集者」（collecteur）；雖然社會學家對這些一再提到的集體現象相當著迷，卻對它們是如何匯集起來的一無所知。對匯集現象感興趣、卻不問匯集者，這就好比對垃圾桶感興趣、卻從來不問清潔工是誰！因此，正是這則問題讓我同事和我本人興味盎然：這名匯集者是誰呢？

一旦社會學視自己為研究「關聯」的科學，事物便會開始成形，持之不墜。當您開始肯定集體是由科學家、政治家、法學家、技術學家所匯集起來的，而且比方說當您開始研究法律與技術之間的關聯，那麼集體就有了意義，且更形牢固。

我從來不知道自己究竟是社會學家還是哲學家，那是因為我對存在的模式深感興趣，以求能夠理解社

會。而這也是我無論如何一定是哲學家的原因 ——
如果我不是一個能夠思考存在模式的哲學家，我便無
法理解社會。

第十篇

政治小圈子

╱ 圖翁 ╱

布魯諾・拉圖，在您看來，「激進分子」（le militant）向宗教借用了他與「絕對事物」以及「絕對真理」的關係，即便他自稱他壓根是反宗教的。他或許必須仰賴真正的政治，並以政治真理的傳遞者自居。但您更欣賞他作為「社運人士」（l'activiste）的態度。您如何分辨「激進分子」與「社運人士」，以及如何將此與政治真理的問題相互銜接呢？

╱ 拉圖 ╱

想要思考政治事務（le politique），只談選舉或政黨那當然是不夠的；我們必須稍微跳出政治事務的官方世界，單純回到集體的問題。以「關係社會學」的角度來看，集體這種東西需要被製造出來，它需要一個匯集者來匯集，因為諸多現象本身並非出於

集體。我稍早已經提過了技術、宗教、科學等方面的匯集者……但人們所謂的「眾口一聲」（parler d'une seule voix）（這個說法很準確）來自於彼此想法及立場完全殊異的多樣人群，這也是政治匯集者一種非常重要的形式。

這需要一場非比尋常的重大變革，方能達致下列情形：一個人可以說：「我代表您發言。」然後另一個人回答：「是啊，如果我有機會發言，我可能會和您說出完全一樣的事情。」同樣地，某個人接收到他人發出的命令，在這種情況下，此人可說：「如果說話的是我，我會說出一樣的話。」

這種相當特殊的模式是如何產生的？它使得一個人在發言之後，會有數百、成千上萬，甚至千萬人隨後說出：「是的，我正是這麼想的。」這不僅是「我所說的和別人說的完全一樣」這項事實。說出來的不是「同樣」一件事情，而是再次出現一個絕對的「由

點到點」相互轉換。這種操作我們再熟悉不過，我們在社會的每個角落都能遇上有人在體現集體的聲音。他可以是一名主管、一位製作人⋯⋯轄下有員工的人，被迫不斷從事政治工作。一家之父或一家之母也身負同樣的義務以構建集體，因為沒有其他人事物能在這方面出力。要堅持並不容易，集體力量將持續傳布散播，因為人們口中說出的事情最終都會完全改變。例如，如果您提出了抱怨，這份抱怨也許會引發大量連續的巨變，轉譯為一道命令或一條建議，乃至於一項規定（如果我們現在要談的是更正式的框架）。無論是何種框架，都必須重新逐一想像您要說出口的話會是同樣的內容，並且預期這些訊息也會一個接一個地完全轉化。

我必須承認我是以某種方式在說話，以便讓我說出口的話能夠在轉換的一系列程序中傳達給下一個人，而且也要意識到在這個過程中它會完全變調，如

此一來，我們才能尋得評判真假的標準。這是一種事物簡化後的「布景陳設」(scénographie)，在「含糊不清的抱怨到當局下達命令」這個狹長封閉的圈子裡，必須保持「我所說的」(ce que je dis)與「說出來的」(ce qui est dit)之間的區分。如果沒有任何相近的點，政治就會消失。這也是真理的標準最常遺漏之處。這挺微妙的，想像一個容納六千萬法國人口的社會，在其中，一句抱怨成了一項訴願，接著成了一條規定，最終以命令的形式去而復返 —— 但在「初始的陳述」(énoncé primitif)與「返回的陳述」(énoncé retourné)之間，或許沒有任何相似之處。現在，請想像一下這六千萬法國人失去了這種造就政治事務的能力，然後說：「我才懶得管政治問題。我只堅持我的價值觀、堅持我的個人看法。」堅持己見等同在政治上說謊，因為根據定義，一個意見必須經過轉化才能傳遞給下一個人，而這個「下一位」對各項

事物也自有定義，他也會複製這個過程傳遞下去，直到最後再回到您身上。

這種真理模式尤其不可靠，隨時都可能崩潰！每一名企業領袖、每一個一家之主與一家之母、每一位國家領導人都心知肚明，若不選擇「背叛」，要想實現這種持續的轉變，壓根就不可能。這是一種「不得不」的背叛。回到您先前提到的區別，這正是激進分子無法理解之處。激進分子不僅借鑑了宗教的真理模式，他們更引入了一個完全世俗化的，去除了其突變、轉變、闡釋與調和行為的版本。

激進分子已經完全丟失了這些政治定義上的舉動。相反地，如果有一個人可以了解，關於在某處設立風力發電廠或安置移民人口的問題，皆得大費一番工夫，以便使之轉化為規則或命令，而且這些命令最終得以被遵循與服從，那麼，此人就是我所說的社運人士。政治事務最糟糕的強人所難之處在於，它要求

人們不斷重複這番大費周章的過程 —— 因為如果您停下腳步，所有人都會再度像麻雀一樣飛跳四散。

/ 圖翁 /

您是否能舉例說明您所謂的「必要背叛」？

/ 拉圖 /

最常見的基本背叛就是說：「我下了一道命令。這個命令會被遵從。」您憑什麼覺得一個命令會被遵從？您所下的命令最終會被轉變。沒有人會完全服從於一道指令，人們頂多是依自己的方式去理解聽到的內容。我再次粗略地還原了現場，但當一般人說出「我是認為啦，我有自己的想法、自己的價值觀，而且我堅持到底」的時候，情況就變得複雜了。如果

您堅持自身的價值觀與想法，您就不是在參與政治事務，也沒有替後續行動做足準備。這是政治上的第一樁錯誤。第二樁錯誤是說出「但我已經下達命令，我已經組織起一切必要的措施。請看，我們已經做了這麼多事。這麼多規則已經就定位」，然後相信這一切會被遵從。在這些錯誤當中，您走錯的第一步是太過相信您自身的想法，執著於此，並希望它們以透明和絕對的方式忠實地呈現出來，這是近期經常出現的一種災難形式。如果您要求一個準確與公平的外在呈現，您就是把我所謂的「兩次點擊」（Double-clic）帶進了政治事務當中，如此一來，政治事務便消失了。

/ 圖翁 /

這個「兩次點擊」的概念相當有趣。它幾乎被賦

予了某種思考態度的「擬人具體化」，透過一個所有電腦使用者都能理解的形象，指明「繞過中介之物，跳開一個特定點」的這項事實。

/ 拉圖 /

　　「兩次點擊」，也是一種「現代撒旦」的化身形式！它訴諸一種「可以省略中介物」的概念。我們在基本教義派身上也能發現宗教方面的「兩次點擊」。在政治層面，則體現於激進分子身上（而非社運人士）。當然，我們在科學中也觀察得到這一點；有人會認為，無論在哪裡從事科學研究，只要身穿白色大衣，就成了科學。目前，部分出於社群媒體與數位文化，一切溝通的理想狀態似乎成了從「我認為」直接跳到另一個溝通對象的資訊流，而毋需任何轉換。這是各類（政治、科學、宗教方面）「兩次點擊」間的

某種基本鬥爭，實質上都在破壞或連續切斷所有模式。

這是我們自COVID危機初期就能大量觀察到的狀況：當一名科學家必須面對「兩次點擊」時，他會被指控為說謊。為什麼？因為事實的產生速度緩慢，為了獲取這些事實需要仰賴巨大的資訊量，而科學家恰好說他需要時間、統計數據、儀器工具，無法為了發掘事實而心急求快。我們現正處於一個普遍指控說謊的痛苦時期。「假新聞」就是其中一項症狀。並非一部分人突然發了瘋，而是「中介」的概念已然消失。我們正在經歷一種對所有中介的普遍輾壓（écrasement général）形式，這使我們生活所需的各種模式都變得無比虛假。我們身處一場文明危機的風暴核心，在其中，保障我們生存的一切事物都被一次又一次的「兩次點擊」所襲擊。在「兩次點擊」面前，任何模式都成了騙局。我們並未意識到真正的謊

言是政治事務的謊言，它試圖立刻滿足我們所提出的要求：「您是透明無欺的嗎？您是否在缺乏中介的條件下傳遞我的觀點、我的痛苦？」實際上，一名當選者不得不這麼說：「不，我不能這樣。這必然會在其他某個委員會的討論中發生變化。在事情回歸我們身上之前，還有一連串的步驟要走完。」

/圖翁/

您寫道：「最終看來，這真是奇怪。一方面，我們似乎覺得一切皆已玩完，一切皆已失去，一切皆已結束；另一方面卻好像什麼都還沒真正開始。」您是否同時以哲學、政治與宗教的角度來思考這件事？

/ 拉圖 /

我們正在經歷一場災難，但因為我們無力應對，它已然成了今日真正的悲劇。必須承認，我們會感覺到被這種處境壓得粉碎、無從還手。雖然在描述我們正遭逢的嚴峻時刻時，這麼說很奇怪 —— 從一種宇宙觀模式擺盪到另一種 ——，但我依然認為我們生活在一個了不起的時代。我們可以再次與十六、十七、十八世紀比肩而列，這些時期也經歷了過程類似的巨變，從古老的宇宙觀轉渡為「現代人」的宇宙觀。那些個時代也極盡美好，在藝術、科學甚至整個文化領域都發生了許多有趣的故事！我們現在的處境類似：萬事萬物以一種精采非凡的方式在我們面前開展。無論如何，我不認為一名哲學家的角色是為崩潰論者（collapsologue）及災變論者（catastrophiste）流過的無數眼淚加油添醋，而是要反過來致力為眾人重添行動力。

我認為生態學貫串了我們身處現代階段所擁有的一大批信念，而且這些信念長久以來都倒向了生態學。我們都記得關於現代性的這件事 —— 它把我們帶到了一個不宜居住、純粹烏托邦、離地（hors-sol）的世界，我們在那個世界裡即將拋棄一切屬於過去的信仰 ——，而「火星旅行」的概念將此事化為了一則美妙的隱喻。待在地球上百無聊賴，但「飛向火星」還真的很有趣！振奮人心的是，這種關於起飛與離地的神話終究淪為笑柄，而且瓦解崩散、消失殆盡。說句老實話，我們終於「著陸」了 —— 即便先經歷了重摔！——，這多麼令人欣慰。因為至少，我們終於到站了。我們回家了，現在我們可以、而且願意試圖理解正在發生什麼事。此刻，在我們腳下、在我們眼前，一道新的景觀、一片新的大地，就此展開。

　　而這片新的土地需要的是什麼？難道不是「人民」嗎？重新提出「在哪片土地上需要何種人民？」

這個問題非常有趣。用一種比較誇張的方式來說，這就是我所謂的「族群起源的再次復興」（la reprise de l'ethnogenèse）。我們並未意識到「現代性使研究任何情況都變得不可能」這個現象多麼嚴重。成為「現代人」是可怕難受的一件事，因為它無時無刻不被現代化前沿的重壓與區分「現代」及「過時」的義務所綑綁。總是必須對一切封閉自己，這曾經使我們束手無策。現代性曾令我們故步自封。此刻，這一切都杳然無蹤，各種問題再次開放。顯然，這誠非易事，也令人訝異……但實在太讓人欣慰了！

第十一篇

哲學有大美！

/ 圖翁 /

　　針對「何謂社會學？」這個問題，您的回答
是：「社會學並非『社會的科學』，而是『連結的
科學』。」但您會如何回答「何謂哲學？」這則提
問？──吉爾‧德勒茲（Gilles Deleuze）與費利克
斯‧瓜塔里（Félix Guattari）在他們的合作結束時尤
其試圖回答此問。他們在書的開頭寫道[1]，這個問題只
能晚一點再提出來──等到老年來敲門，以及「能
把話說清楚」的時刻到來。他們寫道：「以前，我們
不夠清醒，我們太想玩哲學了，除了進行一些風格練
習，我們也不太自問：『何謂哲學？』我們彼時尚未
抵達終於可以說出『是說，那到底是什麼？我這輩子
都幹了些什麼？』的無為階段。」布魯諾‧拉圖，您
這一生都做了些什麼？何謂哲學？

---

1 應是指兩人最後合著的《何謂哲學？》（*Qu'est-ce que la philosophie ?*）一書（1991）。

/ 拉圖 /

德勒茲與瓜塔里合寫的書非常重要。這本書寫得很美，它致力於定義科學模式，也花費極大篇幅探討另一種模式，也就是虛構（fiction）的模式。我們在虛構中發現了真理的問題，換言之，就是以一種不可思議的方式，從中辨識出真實之物，進而得以承認：「沒錯，就虛構而言，這是真的。」這是一種力量異常強大的存在與真理模式。

/ 圖翁 /

您可否舉例說明虛構作品與文學作品中一些真實的事物？

/ 拉圖 /

現在有很多關於呂西安·德·魯本普雷（Lucien de Rubempré）的討論。魯本普雷就像我此刻坐的這把椅子一樣存在著。

/ 圖翁 /

巴爾札克在《幻滅》（*Illusions perdues*）故事中塑造的這名人物，存在感為何如此強烈？

/ 拉圖 /

他堅持不懈，因而身懷一股無庸置疑的存在力量。德勒茲經常閱讀及引用的另一位哲學家艾提安·蘇西歐（Étienne Souriau）說得很好：虛構人物擁有一套自己的模式，唯他們自身所獨有。我們可以一邊

說魯本普雷存在，一邊自問：「他以何種方式存在？他的本體（ontologie）何在？」我們暫時必須進行一項哲學推斷；哲學將「存在」（l'être）這個問題視為己身執念。有持續不變的永恆事物，也有存在的潮浪湧動，但除此之外，存在（l'être）當中還有其他不變的事物。我們在宗教與哲學中都能發現這種概念，顯然在科學方面亦是如此，即把發生之事與那些自然（Nature）法則聯繫起來。試圖用比存在更永續持久的事物來重新肯認存在的問題，這也是在「現代人」身上經常看到的一種執迷不悟。

但是，我們已經改變了宇宙觀，此刻，我們所身處的世界，不只存在著活生生的各式生命，也充滿了因為其必然消逝而永生不朽的事物。所有這些存在與真理的模式都具有「因他者而存在」的特質；這是一種與「作為存在的存在」（l'être en tant qu'être）截然不同的方式，我稱之為「作為他者的存在」（l'être en tant qu'autre）。一個存有若想繼續存在下去，每一次都必須透過一些別的東西來協助。同樣的道理，我茲舉一個最微不足道的小例子：比方說，我必須吃完早餐才有體力來到這裡與您對話。我不斷地攝取、吞咽其他東西，以求在我的存在中撐到最後。沒有任何生命不具備這樣的特色，如果不透過一個「他者」的幫忙，生命就無法在時間中延續。將哲學與我們對世界的理解建立在「是否能持續」之上的想法毫無意義，因為一切持續存在的事物之所以持續，正是藉「無法持續的事物」之助。

　　為了結束這段推測性的題外話，並回到存在模式的問題，我們不妨辨認一下在各種情況中所使用的「異質他者」（altérité）類型。以小說虛構作品為例，巴爾札克在塑造呂西安・德・魯本普雷這個角色時，不斷自問這項安排是否合理。這種對被造物的掌握調控，也沒什麼大不了，說穿了不過是寫盡許多稿紙打

磨出來的結果。但是，巴爾札克從這張爬完格子的稿紙上——在喝了很多杯咖啡、吃了幾塊排骨與七十五顆牡蠣之後——創造出一個「自帶存在感」的角色生命，如果我們也堅持把故事讀完，就能感受到。假使我們不再閱讀巴爾札克，魯本普雷當然會就此消散。因此，在我們眼前的，是一個非常特殊、非常具體的存在，從信手揮就的塗塗寫寫中幻化而生。這個角色立於天地間，身負非凡之力，您在閱讀這本書的時候，那股力量會緊緊抓住你。然而，他完全仰賴那些「把他扛上肩膀」的人，就像「高盧人把自己固定在盾牌上」一樣——蘇西歐的這則比喻很美！這就意味著，如果您不再把魯本普雷抓在手上，或者學校不再講授這個角色的故事，那麼他將就此消失。

　　這又回到了建構主義的課題上，在這個問題中，生命的存在完全倚賴其生產模式，但這些存在又是真實確切的。針對何謂「架構完成」、「架構得好」，或

是何謂「有效」、「無效」，每一種存在都下了不同的定義。每當我們去看電影或觀賞戲劇表演時，都會去評價故事與角色安排是否站得住腳。因為如果沒到位，它就失敗了，您所花費或運用的一切都白費了！拍電影、寫作或編書的人也會問自己同樣的問題。這些問題都很具體，因為小說故事其意不在探究：「呂西安‧德‧魯本普雷是否真的出生在某某地方？」這可能意義不大。我們關注的是虛構小說特有的一種界定方式，往往都能帶來對「異質他者」的嶄新理解。這是一套異常強大的真理原則。它在科學上並不準確，單單只因為「科學上的準確」僅僅是各種真理製造模式的其中一種，與之並列的，則是虛構作品、政治、宗教與技術領域循各自的模式所產出的真理。

讓我們回來看看您的一般性問題：「何謂哲學？」如果我必須以一個職業生涯正在收尾的長者身分來回答這個問題 —— 或者依據您所引用的美妙

說法 ——，我的答案可能會是：哲學不是一種「元語言」（métalangage）。哲學的作用不在於定義「作為存在的存在」，也不在於定義其他一切的根柢與基礎，或者事物何以構成。哲學是一項謙遜的實踐，它也仰賴塗塗寫寫的思考過程，但哲學不可或缺。我早在高中最後一年的第一堂課上就被哲學深深地吸引了。我心想：「我是一個哲學家。」因為我似乎發現，要我拋下哲學不管，這簡直太為難我了。哲學找到了一個方法 —— 一種有效操作的方法，因為我是一個經驗主義哲學家 —— 來維持（並存的）存在模式的多樣性。它使我們得以在各種模式之間，在它們試圖相互吞噬的地方，在我所謂的範疇錯誤（les erreurs de catégorie）當中，辨識出一個方向。這些範疇錯誤不勝枚舉，對其詳加觀察與研究，是一件迷人之事：科學家說「因為我人很好，身穿白袍，所以我所說的一切都是科學的」就是一個例子。他把自己看

成科學與科學真理的代言人，但實際上他既無實驗室可用，也無同事可合作，更缺乏任何能讓他代表科學發言的靈巧設備。這就犯了一個範疇錯誤。

　　對我來說，這就是哲學的意義所在。它首先必然是集體式的，我們必須有辦法與他人合作，一同確認如何維持各自迥異的模式，設法彼此尊重，而非試圖把對方吞噬殆盡。這對政治、宗教與科學之間的關係而言至關重要。如果不建立一套區判的標準，確保不同的模式不會互相攀咬，我們就無法繼續下去。哲學相當重要，在我們正經歷的此刻尤其如此，因為它是避免各種模式互相傷害的關鍵力量。這套區判標準必然得透過經驗法則來研究。哲學扮演的角色不在於評判，而在於維持住細緻微小的思考過程，以辨認出一些範疇錯誤，且能說出：「您現在所說的這些話，在政治上是否也成立？」或者對說出「政治上何來真理，我什麼都敢做，能贏比較重要」的人提出反駁，

並回答他：「您錯了。必須有一個能夠被尊重的政治真理。」當科學家們開始說出「一旦成了科學家，就可以隨心所欲、四處遊走」這種話的時候，哲學也能在科學領域扮演同樣的制衡角色。

這與康德的三大批判不無關係，與之不同的是，康德將自己設定為「和平的評判者」（juge de paix），換言之，他找到了問題的解法。我認為這種態度在今日是行不通的；哲學並不是這樣的。哲學必然是摸索前進。必須找到一種訴諸經驗的集體工具，讓我們總是能堅守並保有模式的多樣性 —— 也許這就是我的貢獻，或至少是我的怪癖（marotte）！

╱ 圖翁 ╱

那麼，我們是否可以說，哲學並非思想聖殿或諸殿堂的守門人，而是「存在模式多樣性」的守門人？

/拉圖/

　　是的，海德格曾說哲學是「存在的牧羊人」（berger de l'être）。我們不妨再度運用此一說法，因為哲學的確帶點牧羊人的意味，但其意義完全不同，指的不是領導者，而是指竭力避免狼群與羊隻間（甚至在羊的同類之間）相互屠戮的那個人。這個角色比「元語言」的角色來得謙遜許多（元語言最終將使我們有可能說出世界是什麼），但也並非無足輕重，因為它要求哲學時時刻刻留心範疇錯誤，注意其他模式及其相互吞噬的傾向。哲學是一種要求極高的實踐，我們不該忘記也將它視為這座存在模式體系中的一種獨立存在模式。

　　偉大的哲學家威廉・詹姆斯（William James）說得極好：「哲學，就是尊重『介系詞』（les prépositions）。」它也意味著尊重與理解「副詞」：「科學地」是什麼意思？「在法律上」又是什麼意

思？「在政治上」、「在宗教上」呢？如果您想讓發言有科學根據，您必須能夠證明這一點。如果您想「用虛構的方式」談一談，讓立論站得住腳，也必須能夠證明這一點。如果您說「讓我們在技術面上聊一聊」，就必須看到實效。最後，如果您聲稱自己是「就法律層面發言」，那麼，這個得花上一定時間才能找到的特殊法律關連，確實必須有憑有據。

/ 圖翁 /

我認為「存在的牧羊人」這種說法，由這個角度來理解，是對哲學下了一個美妙的定義。

/ 拉圖 /

與海德格的意思完全不同。

/圖翁/

哲學家是「存在的牧羊人」，卻完全不是把羊群帶到正確地方的嚮導！

/拉圖/

哲學有大美！

/圖翁/

您為何如此認為？

/拉圖/

我不知道如何回答此問，我怕會控制不住眼淚。哲學 —— 哲學家們都知道 —— 是一種令人驚嘆的形

式，它對整體感興趣，卻從未觸及整體，因為它本來的目的就不是要觸及整體，而是「熱愛整體」。哲學（philosophie）這個字本身就包含了「愛」。

/ 圖翁 /

熱愛智慧。

/ 拉圖 /

對顯然難以企及的智慧之熱愛……這不就回答了那個大哉問嗎？我打出了王牌！

第十二篇

寫給里羅的一封信

/圖翁/

布魯諾・拉圖，對於讀到這本書時年滿四十歲的任何一個人類、公民、地球人，您有沒有什麼話想對他們說？您有三名孫兒，包括現在一歲大的孫子里羅，您會想對他說些什麼嗎？

/拉圖/

四十年後的事，我是能說什麼？我又不是「太陽夫人」（Madame Soleil）[1]！首先，我想告訴里羅，我認為，接下來等在他面前的二十年會很艱難，他絕對要做好完全準備。我希望他能學習一點地球科學或生態學的知識。我其實也不知道。

有鑑於我們對過去生活條件的轉變所做出的反應

---

1 二十世紀法國知名占星師（1913-1996）。

慢得令人難以置信 —— 這部分當然是前幾代人、尤其是我們這代人所鑄下的過錯 ——，宜居環境顯然無法迅速重建，屬於里羅的下一個世代將承受我們先前毫不作為的後果共業。結果就是自然科學所預言的災難將會降臨到他頭上。當然，我想給里羅的第一個建議是：「在未來的二十年裡，必須尋求所有可能的治療手段，以對抗『生態焦慮』！」我們必須為子子孫孫準備好治療方針，以避免絕望。

您真是把我問倒了！因此，請容我做一個毫無任何依據的假設：把眼光放到四十年後也許會更好。如果我們以時代傳承的角度來看，下一個二十年可能都會比較好；我們最終應該都能找到安身之所，換言之，我們終究能真的「著陸」。二十多年以來、乃至我們今日猶在經歷的大量變革與災禍，最後都能代謝消化。我們終能找到幫助我們擺脫困境的政治體制、法律規章、藝術靈感、科學新知，以及也許成功轉型

後的經濟條件。

　　同時身為爺輩與哲學家，我的角色不是要「宣告
世界末日到了」。眼前的二十年將會步步艱辛，但我
認為下一個二十年人類會找到方法，重拾被我們現在
所處的時代打斷的文明進程。想像一下，四十年後我
與里羅重逢，那時，我們必定會站在歷史的高度，一
同回望我們所陷入的這種否認、無知、對生態處境之
不理解的時期，也就是我所說的「現代的臨時階段」
（la parenthèse moderne）時期。我們一起端詳它，看
在眼裡就像一個奇怪的陌生事物，就像我們今日回
頭凝視十三世紀的羅馬天主教堂一樣，在我們看來雖
是一種極其陌生的形式，但在中世紀人類的生活中曾
經如此重要，也創造了當時的宏偉奇觀，但，大教堂
的時代也早已終結。以上這些是我對里羅最美好的祝
福。

/ 誌謝 /

這些訪談得以完成，首先要歸功於我們與維洛妮卡・卡爾沃（Veronica Calvo）和布魯諾・卡森提（Bruno Karsenti）的前置準備對話。兩人都是布魯諾・拉圖的至交好友，對他的作品也熟門熟路，他們悉心協助了本書編輯流程。蘿絲・維達爾（Rose Vidal）對文本進行了改寫與重新編排，使全書不僅從頭到尾保留了對談的口語感，也不忘維持嚴謹精確的文學性。本書部分摘文亦在2022年10月11日刊登於《世界報》（*Le Monde*）。最後也必須提到，香塔勒・拉圖自一開始就全心支持這項計畫，有賴她的信任、

堅定與寬心善意，方能確保此系列對話在最佳條件下完成。我謹向上述所有人表達最深摯之謝忱，並透過他們，向促成此書出版的每一位致上衷心感恩。

/ 版本聲明 /

本書根據《與布魯諾・拉圖一席談》（*Entretien avec Bruno Latour*）紀錄片改編而成（導演：尼可拉・圖翁）。該片由卡蜜兒・德・舍內（Camille de Chenay）與尼可拉・圖翁共同製作（© YAMI 2 / ARTE France - 2021）。